KB121978

평화의 눈으로 본

세계의
무력분쟁

평화의 눈으로 본

제1판 제1쇄 발행일 2023년 7월 27일
제1판 제2쇄 발행일 2024년 10월 3일

글 _ 정주진
기획 _ 책도둑(박정훈, 박정식, 김민호)
디자인 _ 채홍디자인
펴낸이 _ 김은지
펴낸곳 _ 철수와영희
등록번호 _ 제319-2005-42호
주소 _ 서울시 마포구 월드컵로 65, 302호(망원동, 양경회관)
전화 _ 02) 332-0815
팩스 _ 02) 6003-1958
전자우편 _ chulsu815@hanmail.net

ISBN 979-11-88215-93-5 43300

철수와영희 출판사는 '어린이' 철수와 영희, '어른' 철수와 영희에게
도움 되는 책을 펴내기 위해 노력합니다.

평화의 눈으로 본

세계의
무력분쟁

정주진 글

철수와영희

세계의 무력 분쟁과
세계 시민의 바람직한 역할

무력 분쟁(armed conflict)은 다른 입장을 가지고 대립하는 집단들이 자기 이익을 지키고 확대하기 위해 무력을 동원해 싸우는 것을 말합니다. 국가 사이의 전쟁과 국가 내의 내전, 그리고 간헐적인 무력 충돌이 지속되는 상황을 모두 무력 분쟁이라 부릅니다.

2021년에 아메리카, 아시아, 오세아니아, 유럽, 중동, 아프리카의 46개 국가에서 무력 분쟁이 있었습니다. 국가 사이 무력 분쟁도 있지만 한 국가 내에서 정부와 반대 집단 사이의 무력 분쟁이 많았습니다. 남미 국가들의 무력 분쟁은 정부와 마약 카르텔이나 갱단 같은 범죄 조직 사이의 싸움이었습니다. 이해에 무력 분쟁으로 사망한 사람은 약 15만 명이고 이것은 2020년보다 13퍼센트 증가한 수치입니다. 가장 많은 사망자를 낸 곳은 아프가니스탄, 예멘, 미얀마였습니다.

2022년에는 상황이 조금 변했습니다. 러시아의 침공으로 우크라이나 전쟁이 시작돼 무력 분쟁이 있는 국가가 늘었습니다. 아프간 전쟁은 2021년 8월 미군의 철수로 끝났지만 그 후 아프간 정부와 무장 집단들 사이에 무력 충돌이 계속되고 있어서 아프가니스탄은 여전히 무력 분쟁이 있는 곳으로 분류됩니다.

무력 분쟁의 가장 큰 특징은 반드시 인명 피해를 동반한다는 점입니다. 싸우는 집단들이 무력으로 상대편을 제거하고 승리하는 것을 목표로 삼기 때문에 당연한 일입니다. 병사뿐 아니라 민간인도 인명 피해에 노출됩니다. 오히려 민간인 피해가 더 많이 발생합니다. 또 다른 특징은 반드시 사회 파괴를 가져온다는 점입니다. 군 기지나 군 관련 시설뿐 아니라 일상생활의 유지에 필요한 주택, 시장, 병원, 학교 등이 파괴됩니다. 목숨을 잃지 않아도 안전하고 정상적인 생활을 할 수 없게 됩니다. 무력 분쟁이 길어지면 사회 파괴는 재건이 거의 불가능한 수준에 이릅니다.

무력 분쟁은 한번 생기면 단기간에 끝나지 않습니다. 많은 무력 분쟁이 10~20년, 또는 수십 년 넘게 지속됩니다. 거기에는 두 가지 이유가 있습니다. 하나는 상대 집단을 자기 집단의 생존과 이익을 위협하는 존재로 보고 완전히 제거하겠다는 생각으로 모든 자원을 쏟고 심지어 막대한 인명 피해가 있어도 포기하지 않기 때문입니다. 다른 하나는 목적 달성을 위해 무력에 의존하기 때문입니다. 무력 사용은 서로에게 막대한 피해를 입히고 그 결과 서로에 대한 증오가 커집니다. 증오가 커지면 무력 대응이 강화 및 반복되고 결국 모두가 무력 분쟁의 깊은 늪으로 빠져들게 됩니다. 무력 분쟁을 통해 지도력을 인정받고 물질적 이익까지 챙기려는 정치권과 군부 지도자들은 승리를 거둘 때까지 무력 사용을 포기하지 않습니다.

세계의 무력 분쟁을 보면 마음이 매우 불편해집니다. 무고한 수많은 사람이 죽고 사회가 파괴되는 상황을 보면 감정적으로 힘들어지기도 합니다. 그럼에도 우리는 세계 곳곳에서 계속되고 있는 무력 분쟁에 관심을 가질 수밖에 없습니다. 몇 가지 이유에서 그렇습니다.

첫 번째는 무력 분쟁이 있다는 건 그곳의 거주자들이 인간으로서 기본적인 권리를 누리지 못하고 있음을 의미하기 때문입니다. 모든 인간은 전쟁을 포함한 무력 분쟁을 겪지 않고 안전하고 평화롭게 살 권리가 있습니다. 신체적, 정신적, 심리적 위험에 노출되지 않을 권리가 있습니다. 우리는 그런 기본적 권리를 누리지 못하는 사람들에게 관심을 가질 수밖에 없습니다.

두 번째는 무고한 사람들이 생존의 위협을 받고 삶의 터전을 잃고 있기 때문입니다. 그들은 스스로 자신을 보호할 수 없고 정부나 지도자들도 그들을 보호해 주지 않습니다. 세계가 관심을 가져야 그들이 조금이라도 안전해질 수 있습니다.

세 번째는 세계가 밀접하게 연결되어 있어서 무력 분쟁은 그

것이 어디에서 일어나더라도 세계 평화와 세계인의 일상에 영향을 주기 때문입니다. 한곳에서 무력 분쟁이 생기면 그곳의 정부나 집단을 지지하거나 반대하는 국가들 사이에 이견과 대립이 생기고 세계가 불안해집니다. 또한 멀리 떨어진 사회도 이주민과 난민의 증가, 곡물과 에너지 가격 상승, 무기 경쟁의 심화, 국방 예산의 증가 같은 문제에 직면하게 됩니다.

네 번째는 무력 분쟁이 온전히 해당 국가나 지역만의 잘못이 아닌 경우가 많기 때문입니다. 많은 국가의 정치적 불안과 무력 분쟁은 19세기와 20세기 유럽 국가들의 식민 지배와 특정 민족 및 종교 집단에 대한 차별의 역사에 뿌리를 내리고 있습니다. 냉전 시대와 그 이후 강대국의 영향, 무기 수출, 국제 사회의 방관과 묵인, 마약 소비 시장의 확대 등이 무력 분쟁의 시작과 지속에 영향을 미치기도 했습니다. 그렇다고 무력 분쟁 당사자인 정부나 집단의 책임이 없어지는 건 아니지만 관련이 있는 국가와 국제 사회의 영향과 책임에 대해서 깊게 생각해 봐야 합니다.

마지막은 가장 중요한 것으로 인간으로서 인류애와 인도주의 정신을 가지고 위험과 어려움에 직면한 사람들을 도와야 하기 때문입니다. 무력 분쟁의 종식과 완화에 관심을 가져야 하고, 이주민과 난민을 수용하거나 도울 방법을 함께 고민해야 합니다. 세계가 외면하면 무력 분쟁은 악화되고 그곳 사람들의 안전과 미래는 장담할 수 없게 됩니다.

이 책에서는 여덟 가지의 무력 분쟁 사례를 다룹니다. 우크라이나, 미얀마, 예멘의 무력 분쟁은 세계가 우려하면서 지켜보고 있는 사례입니다. 시리아, 아프가니스탄, 팔레스타인, 소말리아의 무력 분쟁은 오랫동안 지속되고 있으나 우리 사회에서 관심을 가지는 사람이 많지 않습니다. 에티오피아 티그라이의 무력 분쟁에 대해서는 아는 사람이 별로 없습니다. 그런데 이 여덟 개의 사례는 세계가 직면한 무력 분쟁의 일부에 지나지 않습니다. 마지막 장에서는 무력 분쟁이 가진 공통적인 모습과 세계에 미치는 영향을 설명했습니다.

책을 쓰기 위해 많은 신문 기사, 유엔 보고서와 보도자료, 국제 시민단체들의 보고서와 보도자료, 연구기관들의 보고서, 인터넷 자료 등을 참고했습니다. 그런 자료가 없었다면 이 책을 쓰는 것은 불가능했습니다. 하지만 책에서는 자료의 출처를 일일이 밝히지는 않고 있습니다. 한 가지 이유는 양이 너무 많기 때문이고, 또 다른 이유는 특별한 주장이 아닌 날짜, 사건, 사실 등과 관련해서는 모든 기사와 자료의 내용이 대동소이해서 굳이 출처를 밝히는 것이 의미가 없기 때문입니다. 또한 국가 이름, 사건, 단어 등을 입력하면 누구나 찾을 수 있는 자료이기 때문입니다.

개인적으로 이 책을 쓰게 된 이유는 두 가지입니다. 하나는 독자들에게 무력 분쟁으로 인해 삶이 파괴된 무고한 사람들에 대해 알리기 위해서입니다. 다른 하나는 독자들이 세계 시민으로서 무력 분쟁을 이해하고 분석하는 안목을 기르도록 도움을 주기 위해서입니다. 이 책이 정보를 제공하는 것을 넘어 세계 시민의 바람직한 역할을 고민해 보는 기회를 갖는 데 도움이 되기를 바랍니다.

2023년 7월
일산에서 정주진

차례

1

지붕 없는 감옥에 갇힌 사람들

팔레스타인 – 이스라엘 무력 분쟁

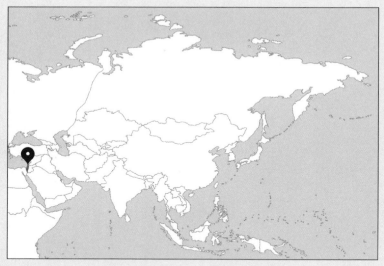

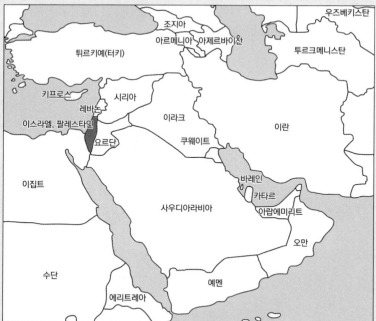

아시아 지도 ©greenblog.co.kr

세계 최장기 무력 분쟁

2022년 8월 5일 이스라엘은 팔레스타인의 가자지구(Gaza Strip)에 미사일 공습을 했습니다. 팔레스타인 무장 단체 중 하나인 이슬람 지하드(Islāmic Jihād)에 대한 선제공격이었습니다. 이스라엘은 이 무장 단체가 이스라엘에 대한 공격을 계획하고 있어서 공습할 수밖에 없었다고 주장했습니다. 이스라엘은 이 공습으로 이슬람 지하드의 지도자 두 명을 죽였고 그들의 주거지와 군사 시설을 파괴했습니다. 이스라엘은 민간인이 거주하는 아파트도 공격했습니다. 공격은 3일 동안 이어졌고 그 결과 가자지구 주민 44명이 사망했습니다. 그중 어린이가 15명이고, 부상자는 300명이 넘었습니다. 공습이 있기 전 이스라엘은 가자지구 내 유일한 발전소를 돌리는 데 필요한 연료 수송을 중단시켰습니다. 하루에 4시간 공급되는 전기를 아예 끊기 위해서였습니다. 공습에 대항해 이슬람 지하드도 이스라엘에 로켓을 쏘았습니다. 이스라엘에서는 사상자가 없었습니다. 이 무력 충돌은 이집트가 중재하여 휴전으로 중단됐습니다.

2021년 5월에도 팔레스타인과 이스라엘 사이에 무력 충돌이 있었습니다. 동예루살렘의 팔레스타인 주민들이 이스라엘의 팔레스타인 가구 강제 추방에 항의하는 시위를 한 것이 발단이 됐습니다. 해당 주민들이 살던 곳은 국제법에 따라 팔레스타인 영토인데 이스라엘은 국제법을 어기고 만든 자국법에 따라 팔레스타인 주민들을 추방하려고 했습니다. 이스라엘 경찰은 시위를 강력하게 진압했습니다. 팔레스타인 주민들은 돌을 던지며 저항했고 이스라엘 경찰은 최루탄, 고무탄, 마취탄 등을 쏘았습니다. 강경 진압이 계속되자 가자지구를 통치하는 하마스가 이스라엘에 로켓 공격을 가했습니다. 이에 대응해 이스라엘은 가자지구에 미사일 공격을 했습니다. 이 무력 충돌은 11일 동안 계속되었고, 그 결과 가자지구에서 260명이 사망했고 그중 민간인이 129명이었습니다. 민간인 사망자 중 어린이가 66명, 여성이 40명으로 대다수를 차지했습니다. 부상자는 2,000명 이상이었습니다. 이스라엘 측에서는 13명이 사망했고 그중 2명이 어린이였습니다. 부상자는 114명이었습니다.

팔레스타인은 중동의 요르단과 이집트 사이에 있습니다. 이스

이스라엘과 팔레스타인 지도
©greenblog.co.kr

라엘과 이웃하고 있고 1967년 이후 이스라엘이 점령하고 있습
니다. 팔레스타인은 공식 국가는 아닙니다. 하지만 193개 유엔
회원국 중 138개 국가가 팔레스타인을 사실상의 국가로 인정하
고 있습니다. 팔레스타인은 2012년 유엔의 비회원 참관국 지위
를 획득했고, 이스라엘의 점령에서 벗어나 국가를 세우는 목표

를 가지고 있습니다.

이스라엘 점령하에 있는 팔레스타인의 영토는 요르단 서안지구로도 불리는 웨스트뱅크(West Bank)와 가자지구로 되어 있고 대한민국 영토 60퍼센트 정도의 크기입니다. 인구는 500만 명이 조금 넘습니다. 웨스트뱅크와 가자지구는 이스라엘 영토를 사이에 두고 멀리 떨어져 있습니다. 웨스트뱅크는 팔레스타인 자치 정부가 통치하고, 가자지구는 이스라엘에 대한 무력 투쟁을 주장하는 무장 세력이자 정치 집단인 하마스가 통치하고 있습니다. 하마스와 이스라엘은 무력 충돌과 전쟁을 반복하고 있습니다.

70년 이상 계속되고 있는 팔레스타인과 이스라엘의 무력 분쟁은 다른 사례와 조금 다릅니다. 보통의 무력 분쟁에서는 서로를 공격하고 상호 피해가 생깁니다. 그런데 이곳의 무력 분쟁은 항상 훨씬 세력이 강한 이스라엘이 팔레스타인에게 일방적으로, 또는 비교가 무의미할 정도로 많은 피해를 입히는 형태입니다. 특히 가자지구의 하마스와 이스라엘은 자주 무력 충돌을 하는데 이스라엘이 아무런 피해를 입지 않는 건 아니지만 대부분의 인명과 사회 파괴의 피해는 항상 가자지구가 입습니다.

힘의 차이가 큰데도 무력 분쟁이 계속되는 이유는 팔레스타인 사람들이 국가 수립을 위해 이스라엘과의 싸움을 포기하지 않기 때문입니다. 한편 웨스트뱅크와 이스라엘 사이에는 무력 충돌이

2012년 12월 이스라엘군 공습으로 파괴돼 폐허로 변한 가자지구의 건물들.
ⓒdiario fotográfico 'desde Palestina

거의 없습니다. 팔레스타인 자치 정부가 통치를 유지하기 위해
이스라엘과 최소한의 협력 관계를 유지하고 있기 때문입니다.
그러나 이스라엘 군과 경찰, 그리고 팔레스타인에 사는 이스라
엘 정착민들이 팔레스타인 사람들을 공격하고, 그 반대의 일도
비교적 자주 일어납니다. 상호 피해가 있는 것처럼 보이지만 혹
독한 대가는 대체로 팔레스타인 사람들이 치릅니다. 이스라엘이
군대를 동원해 팔레스타인을 통치하고 있기 때문입니다.

무력 분쟁의 뿌리

2022년 9월 14일 웨스트뱅크의 한 마을에서 17세의 소년 오다이 트라드 살라가 이스라엘군의 총에 머리를 맞고 숨졌습니다. 이스라엘군이 새벽에 마을의 집들을 급습했고 주민들과 충돌했는데 그 과정에서 오다이에게 총을 쐈습니다. 이스라엘군이 급습한 건 전날 검문소에서 사망한 두 팔레스타인 청년의 집이었습니다. 20대 초반의 두 청년은 검문소에서 폭약으로 이스라엘군을 공격했고 군인 한 명이 사망했습니다. 그들도 이스라엘군의 총격으로 사망했습니다. 두 청년의 집을 부수려는 이스라엘군에 주민들이 저항하면서 충돌이 생겼습니다. 오다이의 사망 외에도 주민 3명이 부상을 당했고 그중 한 명은 중태에 빠졌습니다. 이스라엘군은 밤새 11명을 체포했습니다. 오다이의 아버지는 "이스라엘군이 아무 이유 없이 아들을 살해했어요."라며 "모든 팔레스타인 사람들이 오다이와 같은 상황에서 삽니다. 매일 극악무도한 방식으로 살해가 이뤄져요. 이 나라에서는 더 이상 꿈을 가질 수 없어요."라고 말했습니다.

2022년 웨스트뱅크 주민들은 최악의 해를 보냈습니다. 거의 매일 이스라엘군의 급습, 수색, 체포 작전이 있었습니다. 유엔은 2022년 한 해 동안 웨스트뱅크와 동예루살렘에서 146명의 팔레스타인 주민이 이스라엘군에게 살해됐다고 밝혔습니다.

2005년 이후 가장 많은 사망자 수였습니다. 수시로 이스라엘의 공격을 받는 가자지구가 아닌 웨스트뱅크에서 이렇게 많은 사망자가 나온 건 이례적인 일이었습니다. 팔레스타인 사람들의 공격으로 29명의 이스라엘 군인과 민간인도 사망했습니다.

저항하는 팔레스타인 사람들과 이를 제압하려는 이스라엘군 사이에는 크고 작은 충돌이 자주 일어납니다. 이스라엘군은 공격을 받으면 공격한 팔레스타인 사람들의 가족이 사는 집을 부수곤 합니다. 또 마을 전체를 공격하고 주민들을 체포합니다. 인권 단체들은 그와 같은 행위는 '집단 처벌'이고 국제법 위반이라고 비난합니다. 그러나 이스라엘군은 개의치 않습니다.

이스라엘은 전 세계가 비난할 정도로 혹독하게 팔레스타인을 통치합니다. 그런데 한 맺힌 역사를 가진 팔레스타인 사람들은 자기 정체성을 지키고 국가를 세우기 위해 어떤 상황에서도 포기할 마음이 없습니다. 이스라엘은 모든 수단을 동원해 팔레스타인을 굴복시키고 팔레스타인을 이스라엘 영토로 만들고자 합니다. 무력 분쟁이 계속될 수밖에 없는 이유입니다.

팔레스타인과 이스라엘 사이의 무력 분쟁은 20세기 초에 싹텄습니다. 1917년 11월 2일 영국 외무장관인 아서 밸푸어(Arthur Balfour)는 영국 내 유대인 공동체의 지도자인 라이오넬 월터 로스차일드(Lionel Walter Rothchild)에게 짧은 공식 서한을 보냈습니다. 그는 영국의 공식 입장이라며 팔레스타인에 유대인의 '민족적 고향(national home)'을 세우는 것을 지지한다고 밝혔습니다. 이것이 바로 그 유명한 밸푸어 선언(Balfour Declaration)입니다. 밸푸어는 영국 정부의 선언을 영국 및 아일랜드 시오니스트 연합에 전달해 달라고 했습니다. 시오니스트는 팔레스타인이 하나님이 유대인에게 허락한 땅이라고 주장하며 그곳에 유대인 국가를 세우려고 한 사람들입니다. 이 서한은 11월 9일 언론에 공개됐고 영국 정부의 선언도 공식화됐습니다. 영국이 팔레스타인과 논의하지도 않고 발표한 이 선언은 시오니스트들의 정치적 로비의 결과였습니다. 팔레스타인은 밸푸어 선언을 팔레스타인 고난의 시작으로 봅니다.

영국이 밸푸어 선언을 발표한 배경에는 제1차 세계대전이 있습니다. 당시 팔레스타인은 오토만 제국(1299년부터 1922년까지 소아시아 지방에 존재했던 이슬람 제국)이 통치하고 있었습니다. 1914년 7월 제1차 세계대전이 시작됐고 같은 해 11월 5일 영국은 독일의 동맹인 오토만 제국에 전쟁을 선포했습니다. 그리고 나흘 뒤 영국 내각은 오토만 제국의 통치하에 있었던 팔레스타인의 미래에 대한 논의를 시작했습니다. 팔레스타인 미래 계획의 초안은 시오니스트 장관에 의해 작성됐고 1917년까지 논의가 이어졌습니다. 1917년 2월에 영국 내각은 시오니스트 지도부와 논의를 시작했고 몇 번의 수정을 거쳐 밸푸어 선언문을 완성시켰습니다. 밸푸어 선언은 시오니스트의 의견이 적극적으로 반영된 것이었습니다. 수년 동안의 논의 과정에 팔레스타인 대표는 참여시키지도 않았고 팔레스타인의 의견을 반영하지도 않았습니다. 제1차 세계대전 후 영국은 1948년까지 팔레스타인을 점령하여 통치했고 밸푸어 선언은 현실이 됐습니다.

‘민족적 고향’이 유대인 국가를 말하는 것인지 분명하지 않았으나 이 선언은 결국 국제 사회가 유대인 국가를 지지하는 근거가 됐습니다. 유엔 총회는 1947년 11월 29일 팔레스타인에 아랍인 국가와 유대인 국가를 따로 세우고, 3개 종교(유대교, 기독교, 이슬람교)의 성지인 예루살렘은 특별 국제 통치◆하에 두는 결의안, 즉 분할 계획(partition plan)을 통과시켰습니다. 이에 따라 제1차 세계대전 이후 시작된 팔레스타인에 대한 영국의 위임 통치는 1948년 5월에 끝나게 되고 유대인들의 국가 이스라엘이 세워졌습니다. 팔레스타인 땅의 56퍼센트를 유대인에게 주는 이 분할 계획은 팔레스타인에게 너무 부당한 것이었습니다. 당시 유대인은 팔레스타인 인구의 30퍼센트에 불과했고 거주지는 전체 영토의 겨우 7퍼센트였으니 말입니다.

팔레스타인은 물론 이집트, 요르단, 시리아 등 아랍 국가들도

◆ 예루살렘을 별도의 분리 지역으로 지정해 국제 사회의 관할하에 두는 것이다. 예루살렘이 기독교, 유대교, 이슬람교 모두에게 중요한 성지이기 때문에 이슬람교 신자가 다수인 팔레스타인이나 유대교가 주류인 이스라엘의 독점 통치하에 두는 건 부적절하다는 판단하에 결정된 것이다.

분할 계획에 반대했고 결국 1차 아랍-이스라엘 전쟁(1948)이 일어났습니다. 밸푸어 선언 이후부터 있었던 갈등과 무력 충돌이 이스라엘의 국가 수립과 함께 폭발했던 겁니다. 이 전쟁은 이스라엘의 승리로 끝났습니다. 이스라엘은 유엔이 아랍 국가의 영토로 지정한 땅의 60퍼센트를 빼앗고 서예루살렘도 통치하게 됐습니다. 휴전 협정에 따라 팔레스타인의 동예루살렘과 웨스트뱅크는 요르단이, 가자지구는 이집트가 통치하게 됐습니다.

이 전쟁으로 70만 명이 넘는 팔레스타인 사람이 고향을 떠나 난민이 됐습니다. 팔레스타인 사람들은 이를 나크바(Nakba)라 부릅니다. 아랍어로 '대참사'란 뜻입니다. 이스라엘은 국가 수립과 함께 팔레스타인 사람들을 강제로 쫓아냈고 500~600개의 팔레스타인 마을을 파괴했습니다. 이때 난민이 된 사람들과 후손들은 팔레스타인의 웨스트뱅크와 가자지구, 그리고 시리아, 레바논, 요르단 등에서 지금까지 난민으로 살고 있습니다. 후손이 더해져서 난민은 약 500만 명에 달합니다. 웨스트뱅크에는 87만 명 이상이, 가자지구에는 인구의 70퍼센트가 넘는 약 147만 명이 난민으로 등록되어 있습니다. 이들은 언젠가 고향으로 돌아갈 날을 기다리며 지금도 고향 집 열쇠를 소중히 간직하고 있습니다.

이스라엘의 점령과 팔레스타인의 저항

　1967년 6월 5~10일에 요르단, 시리아, 이집트 등 아랍국들과 이스라엘 사이에 6일 전쟁이 일어났습니다. 이스라엘은 이 전쟁에서 승리했고 팔레스타인 땅이면서 요르단이 통치하던 웨스트뱅크와 동예루살렘, 그리고 이집트가 통치하던 가자지구를 차지하게 됐습니다. 그 결과 이스라엘이 팔레스타인을 점령하게 됐고 팔레스타인에 대한 이스라엘의 억압과 핍박, 그리고 둘 사이의 무력 분쟁이 본격적으로 시작됐습니다.

　이스라엘의 점령이 시작된 후 팔레스타인 무장 세력은 요르단, 레바논 등에서 활동하며 이스라엘을 공격했고, 팔레스타인에서는 이스라엘의 혹독한 통치가 이뤄졌습니다. 1987년 12월 이스라엘의 억압에 저항해 팔레스타인에서 대규모 봉기가 일어났습니다. 이것이 1차 인티파다(intifadah)입니다. 인티파다는 아랍어로 '봉기'란 뜻입니다. 발단은 이스라엘군 트럭이 팔레스타인의 민간 차량과 충돌해 팔레스타인 노동자 4명이 사망한 사건이었습니다. 팔레스타인 사람들은 며칠 전 가자지구에서 유대인 한 명이 살해된 것에 대한 보복이라고 주장했습니다. 이스라엘은 사고라고 주장했지만 이후 웨스트뱅크와 가자지구에서 팔레스타인 사람들의 시위, 불복종, 파업, 납세 거부 운동이 들불처럼 번졌습니다. 팔레스타인 사람들은 'enough is enough(이제 그만)'라며 그동안 참았던 울분을 토해 냈습니다.

이스라엘은 8만 명의 군대를 동원해 돌과 화염병을 든 시위대를 진압했습니다. 강경 진압에도 봉기가 계속되자 이스라엘은 군인들에게 시위자 사살을 허락했습니다. 1차 인티파다는 국제 사회의 중재로 1991년 11월 팔레스타인과 이스라엘 사이 회담이 이뤄지면서 전환점을 맞았고, 1993년 1차 오슬로 협정◆이 체결되면서 종식됐습니다. 1차 인티파다가 시작된 첫해에만 팔레스타인 사람 311명이 사망했고 그중 53명은 17세 이하였습니다. 6년 동안 1,300명 이상의 팔레스타인 사람이 살해됐고 12만 명 이상이 부상을 당했으며 60만 명이 넘는 이가 수감됐습니다. 인티파다 지도부의 통제를 받지 않은 팔레스타인 무장 세력과 시위자들에 의해 100명 정도의 이스라엘 사람과 60여 명의 군인도 목숨을 잃었습니다.

2차 인티파다는 2000년 9월에 시작됐습니다. 이스라엘 총리

◆ 1993년 9월 13일 이스라엘의 총리 라빈과 팔레스타인해방기구(PLO)의 의장 아라파트 간에 이루어진 합의다. 이스라엘은 PLO를 합법적인 팔레스타인 정부로 인정하고, PLO도 이스라엘의 존재 근거를 인정하여 상호 공존의 방법을 모색했다(1차 오슬로 협정). 1995년 9월 2차 협정을 맺는데, 이스라엘은 가자지구와 요르단강 서안, 즉 웨스트뱅크 등 점령지를 반환해 팔레스타인 자치 국가를 설립케 하는 대신, 아랍권은 이스라엘의 생존을 보장한다는 것으로 '영토와 평화의 교환'이 기본 원칙이다. 이 협정에 따라 이스라엘은 점령지에서의 철군을 진행했고 팔레스타인은 1996년 2월 잠정 자치 정부를 본격 출범하게 되었다.

평화의 눈으로 본
세계의 무력 분쟁

가 알 아크사(al-Aqsa) 모스크(이슬람교의 성전)가 있는 동예루살렘의 성전산(Temple Mount)을 방문한 것이 발단이 됐습니다. 팔레스타인 사람들은 이스라엘 총리의 방문을 도발로 여겼고 돌을 던지며 항의 시위를 했습니다. 팔레스타인 땅인 동예루살렘을 이스라엘 수도로 만들려는 시도에 대한 저항이었습니다. 물론 그 뿌리에는 오랫동안 쌓인 팔레스타인 사람들의 분노가 있었습니다. 동예루살렘의 구도시에 있는 성전산은 유대교, 기독교, 이슬람교의 성지로 성지순례를 하는 사람들이 꼭 들르는 곳입니다. 하지만 동예루살렘은 국제 사회가 인정하고 있는 팔레스타인 땅입니다. 그런데 1967년 6일 전쟁 이후 팔레스타인을 점령한 이스라엘은 1980년에 예루살렘을 이스라엘의 수도로 명시한 예루살렘법을 통과시키고 동예루살렘 통합을 공식화했습니다. 유엔 안전보장이사회는 결의안을 통과시키고 국제법에 따라 이스라엘의 주장을 무효화했습니다. 팔레스타인은 물론 세계 많은 국가가 동예루살렘이 미래 팔레스타인 국가의 수도가 되어야 한다고 생각하고 있습니다.

이스라엘 경찰은 고무탄과 최루탄을 발사하며 시위대를 강경 진압했고 2차 인티파다는 1차 때와는 다르게 곧장 무력 충돌로 이어졌습니다. 대다수 팔레스타인 사람들은 기껏해야 돌을 던지며 시위를 했지만 무장 세력은 이스라엘군에 총격을 가했고 이스라엘 민간인을 겨냥해 자살폭탄 테러를 저질렀습니다. 가자지구에서는 이스라엘로 로켓탄을 발사했고 그로 인해 이스라엘 민간인들이 사망하고 부상을 당했습니다. 이스라엘 또한 시위자들에게 총격과 조준 사살을 했고 탱크와 폭격기로 공격을 했습니다. 2차 인티파다로 3,000명 이상의 팔레스타인 사람이, 그리고 1,000명 이상의 이스라엘 사람이 사망했습니다. 외국인 사망자도 64명이나 됐습니다. 일상생활이 이뤄지는 곳곳에서 무력 충돌이 벌어졌음을 알 수 있습니다. 2차 인티파다는 2005년 2월 팔레스타인과 이스라엘, 그리고 아랍 국가들의 회담에서 양쪽이 모든 공격을 멈추기로 합의하고 평화협상을 하기로 하면서 종식됐습니다.

2차 인티파다를 거치면서 팔레스타인에서는 이스라엘에 대한 무장 투쟁과 무장 세력에 대한 지지가 높아졌습니다. 이슬람 근본주의◆와 무장 투쟁을 내세운 하마스(Hamas)에 대한 지지가 이를 말해 줍니다. 하마스는 1차 인티파다 이후인 1987년 설립됐고, 2차 인티파다 동안 자살폭탄 테러나 로켓탄으로 이스라엘을 공격했습니다.

하마스는 2차 인티파다 후인 2006년에 총선거에서 승리했고 팔레스타인해방기구(Palestine Liberation Organization: PLO)◆◆의 파타(Fatah)당과 연합정부를 구성했습니다. 하마스가 승리하자 국제 사회는 팔레스타인에 비폭력 투쟁, 이스라엘 국가 인정, 이전 평화협정 수용 등을 요구했지만 하마스는 이를 거부했습니다. 국제 사회는 팔레스타인에 대한 원조를 중단했고 이스라엘은 팔레스타인에 경제 제재를 가했습니다. 하마스와 총선에서 패배한 파타당 사이에는 갈등이 생겼고, 두 당의 대결로 팔레스타인 곳곳에서 무력 충돌이 벌어져 민간인들이 목숨을 잃었습니다. 무력을 동원해 세력 싸움을 벌이던 두 당은 2007년 6월 가자지구에서 전투를 벌였습니다. 그 결과 하마스가 가자지구를 통치하게 됐습니다. 이후 가자지구는 하마스가, 웨스트뱅크는 파타당이 통치하게 되면서 팔레스타인은 사실상 분단됐습니다. 국제 사회는 지금도 무장 세력인 하마스를 인정하지 않고 있습니다. 이스라엘은 하마스가 통치하는 가자지구를 봉쇄해 지붕 없는 감옥으로 만들었습니다.

1, 2차 인티파다는 팔레스타인에 대한 이스라엘의 핍박과 가혹한 통치 등에서 비롯됐습니다. 그런데 팔레스타인 사람들의 투쟁과 저항, 그리고 팔레스타인과 이스라엘 사이의 여러 번의 회담에도 상황은 변하지 않았습니다. 오히려 이스라엘의 억압과

- ◆ 이슬람 원리주의라고도 한다. 이슬람교의 경전 『코란』의 가르침에 따라 원래의 이슬람 정신으로 돌아가자는 운동이다.

- ◆ 팔레스타인의 해방을 지향하는 통일 지도 조직으로, 1964년에 아랍 연맹의 하부 조직으로 결성되었다. 1974년에 국제 연합 총회에서 회의에 참석해 발언할 수 있는 옵서버observer로 승인을 받았다. 다만 의결권은 없다.

핍박은 교묘하게, 한편으로는 더 노골적으로 이뤄졌습니다. 그 결과 팔레스타인 사람들의 저항, 이스라엘군의 무력 사용, 팔레스타인 사람들과 이스라엘 정착민 사이의 충돌, 가자지구를 통치하는 하마스와 이스라엘 사이의 무력 충돌과 전쟁은 반복적인 일이 됐습니다.

지붕 없는 감옥

웨스트뱅크는 약 300만 명의 팔레스타인 사람이 거주하는 곳으로 A, B, C 구역으로 나뉘어 있습니다. 1995년 2차 오슬로 협정에서 팔레스타인을 대표한 팔레스타인해방기구와 이스라엘이 합의한 결과입니다. A 구역은 웨스크뱅크의 약 18퍼센트로 팔레스타인 자치 정부가 통치하는 지역입니다. B 구역은 약 22퍼센트를 차지하는데 이스라엘이 보안과 관련된 통치를 하고 민간과 관련된 통치는 팔레스타인 자치 정부에 맡기고 있습니다. 그러나 이스라엘군은 보안 문제를 핑계로 어느 때든 두 구역에 들어가 주택을 급습하거나 주민들을 체포할 수 있습니다. 대부분의 팔레스타인 사람들은 이 두 구역에 삽니다. 팔레스타인 거주지를 중심으로 구역이 정해졌고 그래서 이곳에 속한 거주지는 섬처럼 서로 떨어져 있습니다. A와 B 구역을 제외한 웨스트뱅크의 모든 영토는 C 구역입니다. 웨스트뱅크의 60퍼센트 이상을 차지하는 지역으로 이스라엘이 보안은 물론 토지, 건축, 사회 기반 시설 등 민간 관련 모든 일을 통치하고 있습니다. 이곳에는 30만 명의 팔레스타인 사람이 살고 있습니다.

C 구역은 비옥한 토지와 풍부한 천연자원이 있어서 경제 개발과 산업 발전의 잠재성이 큰 지역입니다. 그러나 팔레스타인은 이 땅을 쓸 수 없어서 경제 발전을 하지 못하고 있습니다. 인구 증가로 A, B 구역에는 집을 지을 땅이 부족해 농지까지 주택 건설에 사용되고 있지만 C 구역을 사용할 수 없습니다. 그렇다고 C 구역의 팔레스타인 사람들이 자원을 마음껏 이용하며 사는 건 아닙니다. 이스라엘의 혹독한 통치로 건물을 새로 짓거나 자유롭게 농사를 지을 수 없습니다. 이스라엘은 이곳에 집중적으로 유대인들을 이주시켜 정착촌을 건설했고 정착촌 때문에 팔레스타인 사람들이 쫓겨나는 일이 반복적으로 발생하고 있습니다. 오슬로 협정에 따라 이스라엘은 1999년에 C 구역의 일부를 팔레스타인 자치 정부 관할로 넘겨주어야 했지만 약속은 지켜지지 않았습니다.

팔레스타인의 또 다른 영토인 가자지구는 이스라엘 서쪽에 있으며 중간에 이스라엘 영토를 두고 동쪽에 위치한 웨스트뱅크와 마주 보고 있습니다. 가자지구의 면적은 서울 면적(605.2제곱킬로미터)의 절반보다 조금 크고 인구는 210만 명 정도입니다. 가자지구는 한쪽으로는 이스라엘과 국경을 맞대고 있고 다른 쪽으로 이집트, 지중해와 맞닿아 있어서 지리적으로 고립되어 있는 웨스트뱅크보다 좋은 조건입니다. 그런데 가자지구는 이런 지리적 환경의 혜택을 전혀 누릴 수 없습니다. 2007년 6월 하마스가 가자지구를 통치하게 된 이후 이스라엘은 가지지구를 봉쇄했습니다. 그 결과 가자지구는 다른 팔레스타인 지역과는 물론 세계와도 단절됐습니다. 육상, 해상, 공중 모두에 대한 봉쇄는 하마스를 응징하고 고립시키기 위한 정치적인 결정이지만 그 피해는 모두 주민들에게 돌아갔습니다. 물론 하마스를 지지하는 주민들에게 압박을 가하는 것 또한 이스라엘의 목표였습니다. 봉쇄 이후 가자지구의 상황은 급격하게 나빠졌고 국제단체들이 흔히 얘기하듯이 '사람이 살 수 없는 곳'이 되었습니다.

유엔 인도주의 업무 조정국(OCHA)이 2022년 6월 가자지구 봉쇄 15년을 맞아 낸 현황 보고서는 가자지구가 직면한 인도주의적 재난◆ 상황을 잘 말해 줍니다. 봉쇄 이후 매일 이스라엘로 일을 하러 가던 노동자 숫자는 봉쇄 직후 7년 동안 이전 규모의 0.8퍼센트로 급감했습니다. 그 후 8년 동안은 조금 늘었지만 봉

◆ 집단이나 사회에 생긴 전쟁, 무력 충돌, 자연 재해, 전염병 등으로 거주자들의 건강, 안정, 생존이 위협받는 상황을 말한다. 이 경우 국제 사회는 이유를 불문하고 적극적으로 즉각 대응해야 하는 의무를 지고 있다. 인도주의적 재난 대응을 방해하는 집단이나 국가는 국제 사회에서 비난의 대상이 된다.

쇄 이전의 2퍼센트에 불과했습니다. 이것은 봉쇄가 즉각적으로 생계에 타격을 주었음을 의미합니다. 치료가 필요한 병자들마저 자유롭게 가자지구를 나가지 못했고 허가를 기다리다 죽은 사람들도 있었습니다. 다행히 이집트 국경이 열려 있었지만 이 또한 2014년 이후 이집트의 정치적 불안으로 봉쇄됐습니다. 2018년 이후 다시 열렸지만 상황이 안 좋을 때는 닫히곤 했습니다. 가자지구로의 생필품 유입은 물론 이스라엘과 웨스트뱅크로 가는 상업 물품의 이동도 제한됐습니다. 2014년에는 웨스트뱅크로의 물품 이동, 2015년에는 이스라엘로의 수출이 재개됐고 2021년에는 이집트로의 수출도 봉쇄 이후 처음으로 재개됐습니다. 그러나 여전히 봉쇄 이전 수준으로 회복하지는 못했습니다. 지중해 연안에 위치하고 있지만 어업 활동도 자유롭지 못합니다. 이스라엘은 오슬로 협정에서 약속한 수역의 50퍼센트에 대해서만 어업 활동을 허락하고 있습니다.

봉쇄 이후 가자지구의 인구는 50퍼센트 증가했습니다. 그런데 경제 상황은 계속 악화되니 주민들의 생계는 갈수록 막막해질 수밖에 없었습니다. 2022년 6월 기준 가자지구의 실업률은 46.6퍼센트고 청년 세대의 실업율은 62.5퍼센트나 됐습니다. 가구 중 31퍼센트가 재정 부족으로 자녀 교육을 제대로 시키지 못하고 있고, 210만 명의 인구 중 62퍼센트인 130만 명은 국제 사회의 식량 지원에 의존하는 것으로 나타났습니다. 전력이 부족해서 2021년에는 하루에 11시간이나 단전이 되기도 했습니다. 또한 수돗물의 78퍼센트는 식수로 부적절한 수준이었습니다.

봉쇄된 가자지구는 거대한 '지붕 없는 감옥'으로 불립니다. 봉쇄 후 태어난 아이들은 한 번도 가자지구 밖으로 나가 보지 못한 채 이제 10대 후반의 청소년이 되었습니다. 가자지구보다는 나은 편이지만 웨스트뱅크의 상황도 '지붕 없는 감옥'이긴 마찬가지입니다. 팔레스타인 사람들의 일상은 자유롭지 못하고 항상 이스라엘군과 경찰의 감시와 억압을 받고 있습니다. 언제 집이 파괴될지, 쫓겨날지, 또는 죽임이나 부상을 당할지 알 수 없는 불안한 삶을 살고 있습니다.

분리 장벽, 차별과 억압의 상징

팔레스타인과 이스라엘의 무력 분쟁을 지속 및 악화시키는 근본적인 원인은 팔레스타인에 대한 이스라엘의 차별적인 정책과 부당하고 비인간적인 처우입니다. 팔레스타인과 세계는 이런 이스라엘의 정책을 아파르트헤이트(apartheid)라 부릅니다. 아파르트헤이트는 남아프리카공화국에서 1948년부터 1993년까지 자행된 인종 차별 정책입니다. 이는 지배적인 집단이 다른 집단을 제도와 사회 체계를 이용해 억압하고 차별하는 상황에도 쓰이는 말입니다.

　이스라엘의 아파르트헤이트를 상징적으로 보여 주는 건 웨스트뱅크의 분리 장벽입니다. 이스라엘은 2차 인티파다가 진행 중이던 2002년 6월 팔레스타인 사람들의 공격을 막고 이스라엘의 안전을 지키기 위해서라며 팔레스타인과 이스라엘을 분리하는 장벽을 만들기 시작했습니다. 계획된 분리 장벽의 총 길이는 712킬로미터고 건설 시작 후 20년이 지난 2022년 6월까지 약 65퍼센트의 건설이 완료됐습니다. 분리 장벽의 형태는 크게 두 가지입니다. 하나는 주로 알려진 것으로 높이가 8~9미터 되는 단단한 콘크리트로 만들어진 장벽입니다. 다른 하나는 철조망, 침입 감지 장치가 달린 담장, 차량 진입 방지 담장 등 삼중으로 된 형태로 주변에 마을이 없는 들판이나 도로 옆에 만들어져 있습니다.

　분리 장벽의 약 85퍼센트는 웨스트뱅크 안에 만들어졌는데 어떤 곳은 웨스크뱅크 안으로 몇 킬로미터나 들어간 곳에 있기도 합니다. 이스라엘이 필요하고 원해서 만든 것이면 자기 땅에 만들어야 하는데 팔레스타인 땅을 빼앗아 만든 겁니다. 분리 장벽으로 웨스트뱅크 영토의 약 10퍼센트가 웨스트뱅크에서 분리됐습니다. 팔레스타인은 이를 불법적인 영토 탈취라고 했고 국제사법재판소(International Court of Justice)도 2004년 분리 장벽이 국제법을 위반했다고 판결했습니다.

유엔에 따르면 약 150개 팔레스타인 마을의 농지가 분리 장벽 너머에 위치해 있습니다. 이곳 사람들은 자기 농지로 갈 때, 그리고 다시 집으로 돌아갈 때 항상 이스라엘 검문소에서 허락을 받아야 합니다. 하지만 출입 허가를 받기가 쉽지 않고 매일 갈 수 없어서 농작물을 제대로 돌보지 못합니다. 이스라엘은 2014년에 농업노동자로 등록되지 않은 사람들, 즉 수확 때 일손을 돕기 위해 온 친척 등에 대한 출입 허가를 중단했습니다. 2017년부터는 330제곱미터 이하의 농지 소유자에게는 지속 가능한 농업이 아니라며 농지 출입을 허락하지 않았습니다. 이런 독단적이고 불합리한 결정 때문에 분리 장벽 밖에 있는 땅을 포기하거나 손이 덜 가는 농작물로 바꾼 사람들도 있었습니다. 이런 이유로 생계를 위한 수입이 줄거나 아예 끊겨 버린 사람들이 많습니다.

분리 장벽으로 결국 웨스트뱅크 밖에 살게 돼 일상에 어려움을 겪는 팔레스타인 사람들은 33개 마을에 1만 1,000명 이상입니다. 이들은 일자리, 보건 서비스, 교육, 친지 및 지인과의 교류, 장보기 등을 위해 매일 검문소를 지나야 합니다. 그러나 자유롭게 드나들 수 없어서 횟수를 줄여야 합니다. 분리 장벽으로 이들의 일상은 완전히 망가졌습니다.

2022년 이스라엘 인권 단체인 비첼렘(B'Tselem)은 이스라엘 내각이 분리 장벽 건설의 이유로 이스라엘 사람들의 안전을 내세웠지만 사실 다른 중요한 이유도 있었다고 주장했습니다. 그것은 바로 웨스트뱅크 안에 불법적으로 건설된 정착촌을 이스라엘 영토에 합병시키고 동시에 미래의 정착촌 건설지를 확보하기 위한 것이었다는 겁니다. 이런 이유로 대부분의 분리 장벽이 웨스트뱅크 안에 만들어졌고 어떤 곳은 웨스트뱅크 안으로 몇 킬로미터나 들어간 곳에 만들어진 겁니다. 동시에 분리 장벽으로 웨스트뱅크 바깥에 위치하게 된 팔레스타인 마을들을 분리시켜 팔레스타인의 결속을 약화시키는 부수 효과도 노렸다는 겁니다.

정착촌(settelment)은 팔레스타인 땅에 만들어진 이스라엘 사람들, 주로 유대인들의 거주지를 말합니다. 정착촌은 1967년 이스라엘이 팔레스타인을 점령한 이후 본격화됐습니다. 2022년 말을 기준으로 할 때 웨스트뱅크에 140개, 동예루살렘에 12개의 정착촌이 있습니다. 웨스트뱅크에 사는 정착민은 45만 명이 넘는데 이는 웨스트뱅크 전체 거주자의 약 15퍼센트에 달합니다. 동예루살렘에 사는 정착민은 23만 명이 넘습니다. 정착촌은 팔레스타인 영토를 불법 점거한 것으로 2004년 국제사법재판소도 이를 국제법 위반이라고 판단했습니다. 그러나 이스라엘은 국제법을 무시하고 오히려 정착촌을 계속 확대하고 있습니다.

정착촌은 세 가지 형태로 만들어집니다. 하나는 이스라엘 정부의 허가와 지원을 받아 처음부터 정착촌으로 짓는 마을입니다. 두 번째는 이스라엘 정부의 허가를 받지 않은 전초지(outpost)로 시작된 것입니다. 그런데 이것도 이스라엘 정부의 지지와 재정 지원을 받고 후에 정착촌으로 인정됩니다. 특히 이스라엘은 2017년에 이런 전초지를 나중에 정착촌으로 합법화해 주는 법을 통과시켰습니다. 세 번째는 팔레스타인 거주지의 중심에 지어진 유대인 집단거주지(enclave)입니다. 유대인들은 자신들에게 우선권을 주는 이스라엘 법을 이용해 팔레스타인 주택을 철거하고 주민들을 쫓아낸 후 집단거주지를 만듭니다. 전초지나 집단거주지는 팔레스타인 땅 전체가 하나님이 유대인에게 허락한 땅이라고 주장하는 극우 유대인들에 의해 막무가내로 만들어집니다. 이스라엘은 이를 묵인하고 오히려 지원해 주면서 팔레스타인 영토에 대한 점거를 확대하고 있습니다.

정착촌이 생기면 팔레스타인 사람들은 위험해집니다. 이스라엘군은 정착민을 보호한다며 팔레스타인 사람들의 이동을 막고 자기 농지에 가는 것도 허락하지 않습니다. 정착촌이나 전초지 주변의 팔레스타인 주택을 철거하고 사람들을 내쫓기도 합니다. 가장 큰 문제는 정착민들의 공격입니다. 팔레스타인 사람들을 증오하는 정착민들은 공격을 주저하지 않습니다. 주택이나 자동차를 부수고 사람들을 폭행하고 방화를 저지르기도 합니다. 팔레스타인 사람들의 생계를 책임지는 수확한 올리브를 훔치거나 어떤 경우는 올리브나무를 뽑아 버리기도 합니다. 팔레스타인 사람들도 정착민들을 공격합니다. 그러나 정착민은 대부분 처벌 없이 풀려나고 팔레스타인 사람들은 지은 잘못보다 훨씬 큰 처벌을 당합니다.

이스라엘의 아파르트헤이트를 보여 주는 또 다른 상징적인 사례는 검문소(checkpoint)입니다. 웨스트뱅크와 가자지구에는 거의 100개에 달하는 검문소가 있는데 팔레스타인 사람들은 이동할 때 반드시 검문소를 거쳐야 합니다. 정착민을 포함한 이스라엘 사람들과 외국인들은 자유롭게 다닐 수 있습니다. 대부분의 검문소는 무장 군인들이 지키고 있습니다. 이스라엘로 일하러 가는 노동자들이 거치는 검문소는 항상 붐비고 그래서 사람들은 새벽 2~3시부터 줄을 섭니다. 그들은 두꺼운 콘크리트 벽과 철창으로 둘러싸이고 사람들로 빽빽한 통로에서 몇 시간씩 기다려야 합니다. 이스라엘군의 자의적인 판단에 따른 출입 거부, 공격적인 태도와 행동 등으로 인해 검문소에서는 충돌이 일어나곤 합니다. 이스라엘군이 팔레스타인 사람들을 총살하기도 합니다. 검문소 외에도 수백 개의 도로 통제 바리케이드가 팔레스타인 곳곳에 있습니다. 이스라엘은 자국민과 정착민의 안전을 위해서라고 하지만 사실 팔레스타인 사람들을 감시하고 통제하며 모욕감을 주기 위한 목적이 더 큽니다.

팔레스타인 사람들을 억압하고 차별하는 이스라엘의 아파르트헤이트 정책은 무력 분쟁을 지속시키는 원인입니다. 팔레스타인 사람들은 생존과 정체성을 지키기 위해 저항하고, 일부 사람들은 무력을 사용할 수밖에 없다고 주장합니다.

이스라엘이 팔레스타인 사람들을 통제하기 위해 만든 검문소 중 하나. ⓒ저스틴 매킨토시

세계 시민의 연대와 국제 사회의 역할

1993년과 1995년 1차와 2차 오슬로 협정에 팔레스타인과 이스라엘이 서명하고 서로의 존재를 인정했을 때 세계는 둘 사이 무력 분쟁의 근본적인 원인이 논의될 것으로 기대했습니다. 이스라엘의 점령이 점차 완화되고 팔레스타인 국가 수립을 위한 실질적 논의가 진행될 것으로 생각했습니다. 협정에 명시한 대로 1999년 5월이 되면 많은 문제가 정리되고 상황이 변할 것으로 여겼습니다. 그러나 평화협상은 계획대로 진행되지 않았습니

다. 오슬로 협정 이후에 둘의 관계는 오히려 악화됐습니다. 국제사회의 중재로 협정에 서명했지만 기본적으로 상호 신뢰가 없었기 때문입니다. 무력 충돌은 심해졌고 그 결과 2차 인티파다와 가자지구 봉쇄 등이 이어졌습니다. 이스라엘의 억압과 핍박은 더 교묘하고 광범한 방식으로 이뤄졌고 무력 분쟁 상황은 심각해졌습니다.

2000년대 초부터 세계 시민사회와 학계에서는 이스라엘과의 협력을 거부하는 움직임이 일어났습니다. 팔레스타인에 대한 이스라엘의 억압을 끝내기 위해 남아프리카공화국의 아파르트헤이트를 종식시킨 것과 같은 세계적 캠페인이 필요하다는 주장이 힘을 얻기 시작했습니다. 2005년 7월 팔레스타인 시민사회가 주도하고 세계 시민사회가 함께하는 BDS 캠페인이 시작됐습니다. B는 보이코트(boycott), D는 투자 철회(divestment), 그리고 S는 제재(sanction)를 의미합니다. 보이코트는 이스라엘의 지원을 받는 스포츠, 문화, 학술 기관 등과의 협력, 그리고 팔레스타인 인권 탄압에 관계된 이스라엘 및 세계 기업과의 거래와 상품을 거부하는 것을 말합니다. 투자 철회는 은행, 지역 의회, 교회, 연금 재단 등이 이스라엘의 아파르트헤이트 유지에 도움을 주는 이스라엘 정부와 기업 등에 대한 투자를 철회하도록 촉구하는 것입니다. 제재는 각국 정부에 이스라엘의 아파르트헤이트 종식을 위한 법적 의무를 이행할 것과 불법적인 정착촌 상품과 군수품

거래, 자유무역 협정 등을 금지하고 국제기구에서 이스라엘의 회원 자격을 중단하도록 촉구하는 것입니다.

BDS 캠페인의 목표는 팔레스타인의 자유, 정의, 평등을 성취하는 것이며 이를 위해 이스라엘에게 국제법을 준수하도록 압력을 가하는 것입니다. 세계의 시민사회, 교회, 대학 등은 물론 스페인, 노르웨이, 스웨덴, 영국, 프랑스, 벨기에, 호주 등의 여러 도시도 결의안을 통과시켜 이 캠페인에 참여했습니다. 이스라엘은 이 캠페인이 반유대주의, 다시 말해 유대인에 대한 차별과 혐오에서 비롯된 것이라고 비난했습니다. 그러나 많은 학자와 전문가 들은 BDS 캠페인은 팔레스타인 사람들을 억압하는 이스라엘 정책과 그런 정책에 협력하는 기관 및 기업을 겨냥하는 운동으로 반유대주의와 상관이 없다고 했습니다. 이 캠페인의 궁극적인 목표는 이스라엘의 변화고 팔레스타인과 이스라엘 사람들의 안전하고 평화로운 공존을 이루는 것입니다.

전 세계는 팔레스타인과 이스라엘의 무력 분쟁에 관심이 높고 둘 사이의 무력 충돌은 항상 톱뉴스가 됩니다. 우선적으로는 인명 피해에 대한 관심이지만 동시에 둘의 충돌이 중동 지역 전체의 정치적 안정에 영향을 미치기 때문입니다. 오랫동안 서방 국가들은 둘 사이의 무력 분쟁에 관심을 가져왔는데 특히 미국은 이스라엘에 막대한 군사와 경제 지원을 하고, 다른 한편 팔레스타인에 구호 지원을 하면서 무력 분쟁을 관리해 왔습니다. 팔레스타인과 이스라엘의 평화 회담을 주선하기도 했습니다. 그러나 미국은 무력 분쟁의 근본 원인인 팔레스타인에 대한 이스라엘의 억압 정책을 바꾸는 데는 관심이 없고 중동 지역을 관리하기 위해 이스라엘과 강력한 협력 관계를 유지하고 있습니다. 다른 서방 국가들도 마찬가지입니다. 팔레스타인 사람들에 대한 이스라엘의 인권 탄압과 공격을 비판하면서도 근본적인 정책 변화를 요구하지는 않습니다. 이런 이유로 이스라엘은 국제 사회의 문제 제기가 있을 때만 정치적으로 대응하면서 팔레스타인에 대한 억압적이고 부당한 정책은 그대로 유지하고 있습니다.

한국의 경우 팔레스타인 문제에는 대체로 관심이 없고 이스라엘과의 정치, 경제, 군사 협력에는 열심입니다. 2022년 9월 27일 국회는 한-이스라엘 자유무역협정(FTA)을 비준했습니다. 한국은 아시아 국가 최초로 이스라엘과 자유무역협정을 맺은 국가가 됐습니다. 협정은 웨스트뱅크의 불법 정착촌에서 생산된 상품을 무역 거래에서 제외하는 것으로 했지만 이스라엘 기업이 원료의 원산지와 가공 지역을 숨기면 우리가 찾아낼 방법은 없습니다. 또 한국의 자유무역협정이 다른 아시아 국가에도 영향을 줄 수 있습니다.

팔레스타인과 이스라엘의 무력 분쟁이 계속되는 가장 큰 이유는 이스라엘의 불법 점령과 혹독한 통치입니다. 이에 대응하는 팔레스타인의 무장 투쟁 또한 무력 분쟁의 지속에 기여하고 있으나 이스라엘이 근본적인 원인을 제공한 건 변하지 않는 진실입니다. 다른 한편 팔레스타인의 저항에 이스라엘이 지나치게 강하게, 그리고 보복성 공격을 하기 때문이기도 합니다. 팔레스타인 사람들의 개인적 저항과 시위에 이스라엘은 군대를 동원해 조직적인 대응과 보복을 하곤 합니다. 결국 폭력이 폭력을 낳고 무력 대응이 다시 무력 대응을 낳는 악순환이 계속되고 있습니다. 무엇보다 이스라엘은 팔레스타인과의 공존이 아닌 팔레스타인을 굴복시키는 선택을 하고 있습니다.

국제 사회는 70년 이상 계속된 팔레스타인의 고통을 외면해 왔습니다. 이스라엘의 국제법 위반과 인권 침해가 유엔 보고서 등을 통해 반복적으로 밝혀져도 이스라엘을 규탄하거나 징계하지 않았습니다. 국제 사회의 의무를 외면해 온 겁니다. 그래서 세계 시민사회가 나섰지만 이스라엘의 정책을 바꾸고 무력 분쟁을 완화하는 데는 역부족인 것이 사실입니다. 팔레스타인과 이스라엘의 무력 분쟁은 국제 사회와 세계 시민이 얼마나 관심을 가지고 행동하느냐에 따라 완화될 수 있습니다. 적어도 한 사람의 생명이라도 더 지킬 수 있습니다.

2

국가의 실패가 불러온 비극
소말리아 내전

리비아 　　 이집트

홍해

차드 　　 수단

에리트레아

아덴만

지부티

중앙아프리카공화국 　 남수단 　 에티오피아

소말리아

콩고공화국

우간다 　 케냐

콩고민주공화국 　 르완다
부룬디

탄자니아

아프리카 지도 ©greenblog.co.kr

30년 내전의 시작

소말리아는 아프리카의 뿔(Horn of Africa)◆ 지역에 있는 국가입니다. 서쪽으로는 에티오피아, 북서쪽으로는 지부티, 그리고 남서쪽으로는 케냐와 국경을 이루고 있습니다. 북쪽으로는 아덴만에, 동쪽으로는 인도양에 접해 있습니다. 수도는 모가디슈 (Mogadishu)고 인구는 약 1,700만 명입니다. 인구 중 85퍼센트는 소말리족이고 나머지 15퍼센트는 다양한 민족으로 구성되어 있습니다. 대부분이 이슬람을 믿고 있습니다. 소말리아를 검색하면 가장 먼저 나오는 정보 중 하나가 내전입니다. 1991년부터

◆ 소말리아, 에티오피아, 에리트레아 등의 국가들이 위치한 아프리카 동부 지역으로 그 모양이 코뿔소의 뿔을 닮았다 해서 붙여진 이름이다.

2023년 7월 현재까지 30년 이상 내전이 계속되고 있습니다.

소말리아는 19세기 말부터 영국과 이탈리아의 식민지였다가 1960년에 양국에서 독립한 지역이 합쳐져 소말리공화국(Somali Republic)이 됐습니다. 독립 후 소말리아는 민주주의 체제를 유지했는데 1969년 10월 대통령이 암살을 당한 후 정치적 혼란 속에서 군이 쿠데타로 정권을 잡았습니다. 쿠데타 후 대통령이 된 모하메드 시아드 바레(Mohamed Siad Barre)는 소말리민주공화국(Somali Democratic Republic)으로 국가명을 바꿨고 1991년 1월 내전으로 쫓겨날 때까지 독재자로 군림했습니다.

1970년대 말부터 1980년대까지 소말리아에는 바레의 억압과 폭력에 반대하는 세력들이 등장하고 성장했습니다. 그중 하나가 1981년 4월 북서쪽 지역의 이사크(Isaaq) 부족을 기반으로 결성된 소말리 전국 운동(Somali National Movement: SNM)입니다. SNM은 바레 정권의 이사크 부족 탄압에 맞서고 바레 정권을 무너뜨리기 위해 만들어진 정치 조직이자 무장 집단이었습니다. SNM의 목표는 북부 지역의 독립이었습니다.

바레는 반대 세력을 지지하는 주민들을 처벌하고 심지어 학살하면서 반대 세력을 진압하려 했습니다. 그중 가장 잔인한 학살은 1988년에서 1990년 초까지 북부 지역의 대도시 하게이사(Hargeisa)에서 있었던 이사크 부족 학살입니다. 바레 정권은 이사크 부족 학살을 담당하는 군을 만들어 조직적으로 남성, 여성,

어린이를 가리지 않고 학살하고 집단 매장했습니다. 강간을 무기로 이용하기도 했습니다. 이 학살은 하게이사 홀로코스트◆라고도 불립니다. 학살에 더해 바레 정부는 다른 대도시인 부라오(Burao)를 하게이사와 함께 공습해 파괴했습니다. 이로 인해 약 2만 명이 사망했고 50만 명 가까운 사람들이 에티오피아로 피란을 떠났습니다. 에티오피아에는 당시로서는 최대의 난민 캠프가 만들어졌습니다. 이 시기에 5~6만 명, 또는 10~20만 명의 민간인이 사망했다고 알려져 있습니다. 정확한 사망자 집계가 불가능한 상황이었기 때문에 차이가 많지만 분명한 건 많은 민간인이 살해됐다는 겁니다.

바레 정권에 맞선 무장 집단은 SNM만이 아니었습니다. 폭정이 심해지면서 여러 반정부 정치 운동과 무장 집단이 결성되고 세력을 넓혔습니다. 북동쪽의 마지르틴(Majeerteen) 부족을 기반으로 한 소말리 구조 민주전선(Somali Salvation Democratic Front: SSDF), 중부와 남부 지역의 하위예(Hawiye) 부족을 중심으로 한 소말리 의회 연합(United Somali Congress: USC), 남서쪽 지역의 소말리 애국운동(Somali Patriotic Movement: SPM) 등은 모두 정치 운동이자 무장 집단이었습니다. 이외에도 여러 반정부 정치 집

◆ 일반적으로 사람이나 동물을 대량으로 죽이는 행위를 말한다. 주로 제2차 세계대전 때 나치 독일이 자행한 유대인에 대한 대량 학살을 뜻한다.

단이 있었습니다. 바레 정권은 이제 이들 반정부 무장 집단들과 전투를 벌였습니다. 소말리아는 극도의 혼란에 빠졌고 내전이 임박한 상황이었습니다.

1990년에는 모든 것이 한계에 도달했습니다. 정치적 혼란 속에서 경제 상황은 최악으로 치달았습니다. 연료 부족으로 사람들은 주유소 앞에 길게 줄을 섰고 물가 상승이 극심해서 식당에서 밥을 먹으려면 지폐 몇 다발을 내야 했습니다. 암시장이 성행했고 전기가 공급되지 않아 저녁의 모가디슈는 암흑세계로 변했습니다. 이런 상황에서 바레 정권의 억압과 공포 정치는 극에 달했습니다. 모가디슈에서는 3~4명 이상이 모이는 집회가 금지되고 갑자기 잡혀가 실종되는 사람이 늘었습니다. 바레의 특별 군대인 붉은 베레모(Red Berets)는 민간인을 살해했습니다. 경기장에 100여 명의 민간인을 모아 놓고 살해했고, 반정부 무장 세력의 공격에 대한 보복으로 지역 공직자, 부족 지도자, 이슬람 지도자 등 50여 명을 살해하기도 했습니다. 당연히 반정부 집단들의 저항은 심해졌고 바레 정권은 소말리아 전체의 10~15퍼센트 정도만 실질적으로 통치할 수 있었습니다.

1990년 5월 부족 지도자, 정치인, 종교 지도자, 사업가 등 114명은 바레 정권의 무력 사용을 비난하고 구체적인 정치 개혁을 요구하는 '모가디슈 성명서(Mogadishu Manifesto)'를 발표했습니다. 혼란에 빠진 위급한 상황을 타개하려는 시도였습니다. 정부는 요구를 수용하는 척하다가 결국 6월에 서명자 중 45명을 체포했습니다. 여름 동안 정부 시설에 대한 폭탄 공격이 계속됐고 정부는 정치범 석방을 요구하는 시위를 무력 진압했습니다. 10월에 반정부 인사들은 바레 정권의 종식을 위해 무력을 사용할 수밖에 없다는 데 동의했습니다.

12월에 SNM은 북부 지역을 장악했고 USC는 중부 지역에서 세력을 확장했습니다. 바레는 비상사태를 선포했습니다. 외국인에 대한 공격이 늘면서 유엔은 유엔 산하 구호 직원들을 철수시켰고 여러 국제단체 또한 모가디슈를 떠났습니다. 사회 혼란과 전쟁 상황에서도 주민들을 지원하는 일을 하는 구호 단체가 떠난다는 것은 곧 최악의 상황임을 의미합니다.

1990년 12월 말이 되자 모가디슈는 거의 마비됐습니다. 일부 지역에는 시장도 서지 않았고 연료는 바닥났으며 전기와 식수도 제대로 공급되지 않았습니다. USC는 1990년 말 모가디슈를 공격했고 1월 초 모가디슈 곳곳에서 치열한 전투가 벌어졌습니다. 1월 13일 USC는 국제 구호 단체인 '국경 없는 의사회'에 약 2,000명이 사망했고 4,000명 정도가 부상을 당했다고 전했습니다. 이어진 격렬한 전투 끝에 1991년 1월 27일 바레 정권이 무너졌고 바레는 모가디슈를 떠나 도망쳤습니다.

바레 정권의 몰락과 함께 내전이 시작됐습니다. 바레는 도망쳤지만 바레의 군대와 USC는 1992년까지 전투를 벌였습니다.

모가디슈 시내의 반정부 무장 집단(1992년). ©CT Snow

다른 한편 권력 공백 상황이 생기자 권력을 잡으려는 반정부 집단들 사이, 그리고 집단 내부에서 싸움이 생겼습니다. 수도인 모가디슈는 다시 격렬한 전투지가 됐습니다. 모가디슈에서 전투가 벌어지고 있는 동안 소말리아의 다른 곳에서도 부족에 기반한 여러 무장 집단 사이에 전투가 벌어졌습니다.

바레 정권이 몰락하고 몇 달 후인 1991년 5월에 SNM과 북부의 부족 지도자들은 소말릴란드공화국(Republic of Somaliland)을 선포했습니다. 국제 사회는 여전히 소말릴란드를 독립 국가가 아닌 소말리아의 일부로 여기고 있습니다. 그러나 소말리아의 27퍼센트를 차지하는 소말릴란드는 독립적인 화폐를 가지고 있고 선거도 치르는 사실상의 국가로 지속되고 있습니다.

국제 사회의 인도주의적 개입

바레 정권을 몰아낸 후 USC 내에서 권력 다툼이 생겼고 이것이 내전으로 이어졌습니다. USC는 알리 마디 모하메드(Ali Mahdi Mohamed)를 임시정부의 대통령으로 선포했습니다. 1991년 6월에는 여섯 개의 정치 분파가 휴전을 하고 알리 마디를 전체 소말리아의 대통령으로 세웠습니다. 그러자 USC의 한 분파를 이끌고 있던 모하메드 파라 아이디드(Mohamed Farah Aidid)가 이 결정에 반발했습니다. 11월에는 두 사람의 대결이 격렬한 전투로 변했습니다. 그 결과 대통령인 알리 마디는 모가디슈의 동쪽으로 밀려났고 아이디드가 그 외의 다른 지역을 장악했습니다. 다른 한편 바레의 군대와 USC와의 전투는 치열해졌습니다.

1991년에는 소말리아의 상황을 논의하기 위한 회의가 이웃 국가인 지부티에서 여러 차례 열렸습니다. 아이디드는 이 회의를 거부했고 국제 사회는 알리 마디를 소말리아의 새로운 대통령으로 인정했습니다. 그러나 새로운 대통령의 통치권은 모가디슈 밖에까지 미치지 못했고 아이디드 군대와의 무력 충돌도 계속됐습니다. 소말리아의 상황은 갈수록 악화됐습니다. 사실 바레 정권 몰락 직후인 1991년 2월부터 언론은 심각한 식량 사정과 영양실조가 만연한 상황을 보도했습니다. 1991년에는 극심한 가뭄까지 겹쳐서 소말리아 인구의 반 정도가 굶주림에 처했습니다. 인도주의적 재난 상황을 완화하기 위해 유엔, 아프리카 연합기구(Organization of African Unity), 아랍 리그(Arab League) 등 국제기구가 휴전을 중재했습니다. 1992년 3월 알리 마디와 아이디드는 휴전에 서명하고 유엔의 휴전 준수 모니터링과 평화유지군 파견 등에 동의했습니다. 휴전 때까지 양측의 무력 충돌로 약 5,000명의 사망자와 2만 5,000여 명의 부상자가 발생했다고 구호 단체들은 밝혔습니다.

그러나 휴전 후에도 아이디드는 권력 장악의 욕망을 버리지 않았습니다. 1992년 봄과 여름 아이디드는 다른 무장 집단들과 연합해 바레 군대를 소말리아 남부에서 모두 몰아냈습니다. 이 무장 집단들은 소말리아국가연합(Somalia National Alliance: SNA)을 결성했고 아이디드는 이 단체를 대통령 자리를 차지하기 위한 토대로 삼았습니다.

휴전 직후인 1992년 4월 유엔 안전보장이사회의 결의에 따라 1차 유엔 소말리아 작전(United Nations Operation in Somalia I: UNOSOM I), 즉 평화유지군 활동이 시작됐습니다. 유엔이 중재한 휴전 준수 상황을 모니터링하고 안전하게 인도주의적 지원◆을 제공하기 위해서였습니다. 그러나 소말리아의 상황은 유엔의 예상을 빗나갔습니다. 휴전 약속은 무시됐고 무력 충돌은 확산됐습니다. 알리 마디와 아이디드 모두 평화유지군 활동과 구호품 이동에 전혀 협조하지 않았습니다. 늘어나는 무장 집단들도 큰 문제였습니다. 하나의 무장 집단이 여러 분파로 쪼개지면서 무장 집단의 수는 계속 증가했습니다. 하나의 무장 집단과 식량 이동 및 분배에 합의를 해도 다른 무장 집단 지역에 가면 아무 소용이 없었습니다. 무장 집단들은 평화유지군을 사살하고 구호품 선박과 비행기를 공격했습니다. 구호 단체들은 협박, 강도, 약탈에 시달렸습니다. 수많은 사람이 굶어 죽을 지경에 놓였지만 무장 집단들은 자기 권력을 키우고 지키는 데만 관심이 있었습니다. 굶주리는 사람들에게 지원할 식량은 있었지만 무장 집단들의 방해와 공격으로 전달되지 못했습니다. 1992년 11월 아이디드는 공식적으로 유엔과의 약속 파기를 선언했고 평화유지군의 철수를 요구했습니다.

1992년 11월 미국은 인도주의적 활동 지원을 위한 다국적군 창설을 제안했습니다. 유엔 안전보장이사회는 이 제안을 승인했고 미국이 지휘하는 연합군(Unified Task Force: UNITAF)이 창설

◆ 인도주의적 재난에 처한 지역 거주자들의 생존, 건강, 안전을 위한 지원을 의미한다. 소말리아의 경우 굶주리는 사람들에 대한 식량과 생필품 지원에 초점이 맞춰졌다.

됐습니다. UNITAF는 24개국의 군대로 구성됐고 미군이 대부분을 차지했습니다. UNITAF는 UNOSOM I이 하던 대부분의 일을 이어받았습니다.

1993년 초 유엔 사무총장은 소말리아의 주요 14개 정치 집단과 무장 세력을 소집했고 이들은 모든 무기를 UNITAF와 유엔 평화유지군에 넘기기로 했습니다. 그에 대한 대가로 소말리아 재건을 위한 1억 3,000만 달러의 지원을 약속했습니다. 그러나 소말리아 상황은 전혀 나아지지 않았고 유엔은 UNITAF 작전을 2차 유엔 소말리아 작전(UNOSOM II)으로 전환하기로 했습니다. UNOSOM II는 1993년 3월부터 1995년 3월까지 2년 동안 지속됐습니다. 이 작전의 임무는 이전과 같은 인도주의 활동 보호에 더해 평화를 회복하고 소말리아 국가, 사회, 경제를 재건하는 것이었습니다.

개입의 실패

UNOSOM II는 2만 2,000명의 군대와 8,000명의 병참 지원대 및 민간인 인력으로 구성됐고 전 세계 수십 개 국가가 이 작전에 군대와 민간 인력을 파견했습니다. 미국은 유엔 평화유지군이 위험에 처할 경우를 대비해 1,167명 규모의 신속 대응군을 소말리아 해안에 주둔시켰습니다. 아이디드는 UNOSOM II를 탐탁하지 않게 생각했습니다. UNOSOM II와 그가 이끌고 있던 SNA는 소말리아 회복을 위한 접근 방법에도 이견을 보였습니다. 아이디드는 라디오 모가디슈(Radio Madagishu)의 방송을 통해 유엔 고위 인사들과 유엔 개입에 대한 모가디슈 주민들의 적대감을 조장했습니다. 아이디드의 공격을 우려한 유엔은 무기 저장고이기도 했던 라디오 모가디슈에 들어가 무기 조사를 하기로 했습니다. 그런데 1993년 6월 5일 무기 조사에 나섰던 파키스탄 평화유지군은 분노한 군중에 직면했고 아이디드 지지 세력의 공격으로 24명이 사망했습니다. 유엔은 분노했고 모든 수단을 동원해 대응하기로 했습니다. 이것은 곧 아이디드 세력에 대한 전쟁 선포였습니다. UNOSOM II와 미군은 아이디드를 겨냥한 군사 작전을 개시했고 그로 인해 수십 명의 민간인 사상자가 발생했습니다.

유엔과 미군에 대한 모가디슈 주민들의 감정은 악화됐습니다. 무장 집단들은 유엔 평화유지군과 미군을 겨냥한 공격을 계속했습니다. 8월 8일 아이디드 군대의 공격으로 네 명의 미군이 사망하고 2주일 후 7명이 추가로 부상을 당하자 클린턴 미국 대통령은 분노했습니다. 미국은 160명의 엘리트 대원으로 구성된 특별군을 파견해 본격적으로 아이디드 체포 작전을 시작했습니다. 10월 3일 미군 역사상 가장 길고 치명적이었던 모가디슈 전투가 있었습니다. 이 전투로 18명의 미군이 사망했고 모가디슈 주민들은 미군의 시신을 묶어 거리에서 끌고 다녔습니다. 이 장면이 전 세계에 방송됐고 미국인들은 공포와 분노에 휩싸였습니다. 이 사건 이후 미국은 무력 분쟁 지역에 평화유지군 파견을 꺼리게 됐습니다.

아이디드 체포 작전 실패 후 미국은 철수를 결정했고 1994년 3월에 소말리아에서 군대를 완전히 철수했습니다. 다른 국가들도 미국의 뒤를 따랐습니다. UNOSOM II의 실패를 인정한 유엔도 평화유지군 철수를 결정했고 UNOSOM II는 1995년 3월 28일 종료됐습니다.

한편 아이디드는 1995년 6월 스스로를 소말리아 대통령으로 선포했습니다. 그러나 소말리아에는 이미 국제 사회가 인정한 대통령인 알리 마디가 있었고 국제 사회는 아이디드를 인정하지 않았습니다. 그는 1996년 7월 사망했고 SNA는 그의 아들인 후세인 모하메드 파라 아이디드(Hussein Mohamed Farrah Aidid)를 새로운 대통령으로 선포했습니다.

유엔 평화유지군의 철수가 국제 사회의 노력이 종식됐음을 의미하지는 않았습니다. 그 후에도 내전 종식을 위한 회담이 계속됐습니다. 1997년 12월 이집트 카이로에서 열린 회의에서 알리 마디와 파라 아이디드는 화해 회담을 시작하고 과도정부를 준비하기로 합의했습니다.

소말리아에 대한 국제 사회의 개입은 다른 무력 분쟁에서 볼 수 있는 외국의 개입과 달랐습니다. 개입 국가들이 무력 분쟁 당사자 중 하나를 군사적으로 지원하고 그럼으로써 자국의 정치적, 외교적 이익을 추구하는 것이 아니라 유엔이 주도한 인도주의적 개입이었습니다. 무장 집단들로부터 구호 활동을 보호하고 굶주리는 사람들에게 식량을 안전하게 전달하기 위해 불가피하게 군대가 투입된 형태였습니다. 다른 한편으로 휴전협정 준수를 감시하고 사회 회복을 위한 평화유지군의 파견이었습니다. 그러나 권력 장악에 눈이 먼 무장 집단들의 독선적이고 무자비한 태도와 행동 때문에 국제 사회의 개입은 실패했습니다.

에티오피아의 군사 개입, 새로운 무장 집단의 등장

2000년 4월 지부티에서 열린 회의에서 과도정부가 구성됐습니다. 알리 마디 대신 새로운 대통령이 선택됐습니다. 그러나 정치적 혼란은 계속됐고 이 과도정부는 3년 만에 끝났습니다. 2004년 10월에는 또 다른 과도정부가 구성됐습니다. 이 과도정부는 2012년 8월까지 유지됐습니다. 그 후엔 1991년 내전 시작 이후 처음으로 소말리아 연방정부가 구성됐습니다. 계속 과도정부가 구성됐다는 건 소말리아가 여전히 정치적 불안을 겪고 있음을 의미했습니다. 소말리아 정부는 전국을 통치하지 못했습니다. 북부 지역에는 1991년 내전 시작 후 독립 국가를 선포한 소말리랜드가 있고, 북동쪽 지역에는 1998년에 자치주를 선언한 푼트랜드(Puntland)가 있었습니다. 다른 주나 지역도 거의 자치 기구들이 통치했습니다. 각 지역마다 무장 집단들이 있었고 수도인 모가디슈에서도 많은 군벌이 세력 다툼을 벌였습니다.

제대로 된 정부도 없는 혼란 속에서 소말리아 사람들은 이슬람법에 의존했습니다. 지역에서는 이슬람 법정을 통한 부족 정치가 이뤄졌고 이를 무장 집단들이 지원했습니다. 2000년 이런 이슬람법 운동의 연합체인 이슬람법원연합(Islamic Courts Union: ICU)이 세워졌습니다. ICU는 시간이 지나면서 중앙과 남부 지역, 그리고 모가디슈 일부를 장악하고 질서를 수립했습니다. 마침내 2006년 6월 ICU는 모든 군벌을 몰아내고 모가디슈 전체를 장악했습니다. 도시의 안전을 회복하고 도시를 정비하고 공중과 해상 통로를 재개하는 등 도시를 정상화했습니다. ICU는 모가디슈 주민들로부터 전폭적인 지지를 받았습니다. 그러나 ICU의 모가디슈 통치는 2006년 12월 과도정부 군대와 미국의 지원을 받은 에티오피아 군대가 모가디슈를 장악하면서 끝났습니다. 2001년 9·11테러 후 전 세계에서 테러와의 전쟁을 벌이고 있었던 미국은 ICU로 인해 소말리아가 알 카에다의 근거지가 되지 않을까 우려했습니다. ICU는 지방으로 쫓겨났고 2007년 초 완전히 붕괴됐습니다.

한편 ICU에 대한 국제적 압력이 커지자 이에 대항해 ICU 내에서는 급진적인 분파가 세를 키웠습니다. 모가디슈에서 쫓겨난 후 ICU의 온건파는 해외에 자리를 잡았고 소말리아에는 급진적인 분파가 남았습니다.

에티오피아의 군사 개입은 무장 집단과 군벌이 난무했으나 대규모 무력 충돌은 없었던 소말리아를 다시 전쟁에 빠뜨렸습니다. 에티오피아 군대는 2006년 7월에 소말리아에 진격했고 이후 곳곳에서 과도정부 군대와 함께 ICU 군대를 공격했습니다. 에티오피아의 개입은 과도정부가 요청한 것이었습니다. 당시 과도정부는 모가디슈 이남의 작은 지역만을 장악하면서 사면초가의 상태에 있었습니다. 에티오피아에 군사 개입을 요청한 건 중대한 실수였습니다. 내전의 확산을 야기했기 때문입니다.

에티오피아 군대는 곳곳에서 ICU 군대와 전투를 벌였고 에티오피아 군대가 개입하고 있다는 증언이 잇달아 나왔습니다. 그러나 과도정부는 에티오피아군의 존재를 부인했습니다. 에티오피아 군대는 과도정부 군대와 함께 12월 29일 모가디슈를 장악했습니다. 2007년 1월 에티오피아는 군사적 개입을 인정하고 몇 주 안에 소말리아에서 군대를 철수하겠다고 했습니다. 그러나 에티오피아 군대가 소말리아에서 철수한 건 2년 후였습니다.

과도정부가 모가디슈를 탈환했지만 무장 집단들과의 싸움은 계속됐습니다. 2007년 3월에는 모가디슈에서 격렬한 전투가 벌어졌고 1,000명 이상의 민간인이 목숨을 잃었습니다. 모가디슈 외에도 곳곳에서 전투가 계속되면서 2007년 말까지 70만 명 이상의 이주민이 발생했습니다. ICU를 내쫓는 전쟁이 일어난 후 1년 동안 모가디슈에서만 6,000명 이상의 민간인이 목숨을 잃었습니다. 유엔은 최악의 인도적 재난이라고 했습니다. 이렇게 많은 사람의 목숨을 빼앗은 전투를 했음에도 과도정부는 모가디슈조차 완전히 통치하지 못했습니다. 과도정부는 소말리아의 80퍼센트가 정부의 통제하에 있지 않다고 인정했습니다. 에티오피아 군대까지 끌어들였지만 무장 집단들을 약화시키지도 제거하지도 못했던 겁니다. 2009년 1월 에티오피아 군대가 철수한 후에도 과도정부와 무장 집단, 그리고 무장 집단들 사이의 전투는 계속됐습니다.

ICU가 몰락한 이후 알 샤바브(Al-Shabaab)라는 무장 집단이 등장했습니다. ICU의 한 분파였던 알 샤바브는 2000년 중반 결성됐습니다. 알 샤바브는 소말리아 민족주의를 수용하지만 핵심 목표는 전 세계에 이슬람 국가를 건설하는 것입니다. 2012년 이후에는 알 카에다◆와 동맹을 맺었고 다른 급진 이슬람 무장 집단들과도 관계를 맺었습니다. 소말리아에 근거를 두고 있지만 동아프리카의 다른 곳에서도 활발히 활동하고 있습니다. 알 샤바브는 결성된 이후 2023년 중반인 현재까지 소말리아 정부와 무력 분쟁을 계속하고 있습니다.

과도정부가 끝나고 2012년 8월 소말리아에는 1991년 내전 시작 이후 20년 만에 처음으로 연방 정부가 들어섰습니다. 2014년 8월 소말리아 정부는 아프리카연합 평화유지군, 그리고 미군과 함께 소말리아 남부에서 알 샤바브를 제거하기 위한 군사 작전을 시작했습니다. 이 작전으로 알 샤바브는 다소 약화됐지만 소말리아 정부에 대한 공격은 계속됐습니다. 특히 자살폭탄 테러로 많은 인명 피해를 냈습니다.

2017년 10월 14일 트럭을 이용한 알 샤바브의 자살폭탄 테러로 모가디슈에서 587명이 사망하고 316명이 부상을 당했습니다. 트럭에는 수백 킬로그램의 폭탄이 실려 있었습니다. 세계 역사상 가장 큰 피해를 낸 테러 중 하나였습니다. 알 샤바브의 테러와 공격은 계속됐습니다. 2022년 7월 17일에는 폭탄이 실린 트럭으로 아프리카연합 평화유지군 기지를 공격했고 이어진 포탄 공격으로 평화유지군 수십 명이 살해당했습니다. 이에 앞서 5월 2일에는 평화유지군은 물론 지역 관리와 서방 인력 등 50명이 알 샤바브의 공격으로 사망했습니다. 이 공격이 있고 2주 후 평

◆ 오사마 빈 라덴이 조직한 근본주의 이슬람 신앙에 기반한 과격한 국제 테러 조직이다. 2001년 미국에서 있었던 9·11 테러의 배후로 알려진다.

화유지군을 지원하고 있던 미국은 450명의 추가 병력을 파견했습니다. 이것은 2020년 미국이 소말리아 내 주둔하고 있던 미군을 전면 철수하기로 했던 결정을 뒤집은 것이었습니다. 긴 시간이 지났지만 아프리카연합 평화유지군도 미군도 소말리아의 무력 분쟁에서 빠져나오지 못하고 있습니다.

국가의 실패

수십 년 동안 내전 상황인 소말리아를 많은 전문가가 '실패한 국가'로 부릅니다. 국가가 영토를 통치하지 못하고 국민의 일상과 안전을 책임지지도 못하기 때문입니다. 국가가 제대로 작동하지 않기 때문에 소말리아 사람들은 자기 지역과 공동체를 보호하기 위해 무장대를 만들거나 무장 집단에 의존해 왔습니다. 무장 집단이 더 많은 정보를 가지고 안전을 제공하고 범죄나 부족 내 폭력을 억제하면서 중앙정부와 주정부가 해야 할 일을 대신하기도 했습니다. 중앙정부나 주정부와 협력하는 무장 집단도 있었습니다. 사실은 중앙정부와 주정부가 알 샤바브와 다른 반정부 무장 집단들을 소탕한다는 명분으로 친정부 무장 집단들을 적극적으로 활용했습니다.

정부가 제대로 기능을 하지 못하자 부족 중심의 정치가 강화됐습니다. 소말리아군조차 정부가 아니라 자기 부족과 부족의 이익에 더 충성하기도 했습니다. 정부는 물론 소말리아군에 대한 신뢰는 아주 낮았습니다. 부족 중심의 지역이나 공동체는 정부를 견제하기 위해 무장 집단에 의존하고, 알 샤바브에 대항하기 위해서뿐 아니라 소말리아군에 대항하기 위해서도 부족의 무장 집단을 강화했습니다.◆ 반정부 무장 집단이든 친정부 무장 집단이든, 또는 부족의 무장 집단이든 모두 무력 분쟁을 지속시키고 민간인 피해를 야기했습니다. 오랜 내전으로 안전이 보장되지 않는 상황에서 모두가 저마다의 이유로 무장 집단에 의존했고 그로 인해 무력 분쟁과 피해가 계속되는 악순환이 생겼습니다.

실패한 국가에 사는 소말리아 사람들은 내전이 계속된 지난 30년 동안 반복적으로 두 가지 피해를 겪어야 했습니다. 하나는 내전으로 인한 위험 상황이고, 다른 하나는 굶주림입니다. 둘 다 생존과 직결된 문제였습니다. 눈앞에 닥친 문제였지만 스스로 해결할 수 없으니 그냥 운에 맡기는 수밖에 없었습니다.

소말리아 사람들이 내전으로 겪은 위험은 사망자 수를 통해서 확인할 수 있습니다. 그러나 정확한 통계는 없습니다. 보통

◆ Vanda Felbab-Brown(2020), "The problem with militias in Somalia: almost everyone wants them despite their dangers," In Adam Day (ed.), *Hybrid conflict, hybrid peace: how militas and paramilitary groups shape post-conflict transitions*, United Nations Univerity, pp.112-156.

1991년 내전이 시작된 이래 2022년 말까지 30년 동안 50만 명에서 100만 명 정도가 사망했다고 보고 있습니다. 2011년 9월 미국의 한 시민단체가 낸 보고서는 당시까지 내전으로 인한 사망자를 45만 명에서 150만 명으로 추산했습니다. 이 숫자에는 내전이 직접적인 원인이 된 사망과 기근이나 질병처럼 내전이 간접적인 원인이 된 사망도 포함됐습니다. 이 보고서는 유엔의 자료를 인용해 30만 명 정도가 1991년에서 1992년 사이에 사망했고 그 후에는 굶주림과 질병으로 인한 사망자, 특히 어린이 사망자가 많았다고 밝혔습니다. 이렇게 숫자의 차이가 큰 이유는 정부가 제 기능을 하지 못해서 제대로 통계를 낼 수 없었기 때문입니다.

에티오피아 군대가 개입했던 2006~2009년의 내전 동안에도 소말리아 사람들은 막대한 피해를 겪었습니다. 2006년 말에서 2008년 말까지 2년 동안 모가디슈 인구의 약 3분의 2인 87만 명 정도가 피란을 떠났고, 남부 지역 전체에서 약 110만 명의 이주민이 발생했습니다. 매달 수천 명이 소말리아를 탈출하기 위해 국경을 넘고 일부 사람들은 예멘으로 가려다 아덴만에서 익사하기도 했습니다. 모가디슈의 한 인권 단체는 2년 동안 1만 6,210명의 민간인이 사망했고 약 2만 9,000명이 부상을 당했다고 말했습니다. 또한 모가디슈에서만 약 200만 명이 집을 잃었다고 밝혔습니다. 에티오피아 군대, 과도정부 군대, 그리고 곳곳의 무장 집단이 강도, 약탈, 강간을 저질렀고 무차별적이고 끔찍한 방식으로 민간인을 살해했습니다. 그러나 누구도 그런 전쟁 범죄(war crimes)◆에 책임을 지지 않았습니다. 과도정부 군대조차 무장 집단에 가담해 사익을 챙겼습니다.

반복되는 기근, 각자도생의 삶

소말리아는 다른 어느 곳보다 기근으로 인한 사망자가 많았는데 이것 또한 내전과 관련이 있습니다. 1992년에는 내전과 가뭄이 겹쳐서 22만 명에서 30만 명이 기근으로 사망했습니다.

대규모 기근은 2010년에서 2012년 사이에 다시 발생했습니다. 2010년의 극심한 가뭄으로 식량난이 심각해지자 유엔은 2011년 7월 알 샤바브가 장악하고 있는 남부 지역이 '기근 상황'임을 공식 발표했습니다. 그 후 기근은 중부 지역과 정부가 장악하고 있는 모가디슈까지 번졌습니다. 기근이 정점에 달했던 2011년 5월에서 8월에는 한 달에 3만 명 이상이 사망했다고 유

◆ 전시국제법이 범죄로 규정하는 조항을 위반하는 범죄로서, 전쟁 시 포로 고문 및 살해, 민간인 공격 및 살해, 민간 시설 공격 및 파괴, 성폭력, 집단 학살 등 비인도적 행위를 말한다.

엔은 밝혔습니다. 유엔은 이때의 기근으로 약 26만 명이 사망했으며 1992년의 기근 때보다 심각한 상황이었다고 밝혔습니다. 이때의 기근은 아프리카의 뿔 지역 전체를 휩쓴 가뭄 때문이었습니다. 그런데 소말리아의 경우 내전이 더해져 사망자가 특히 많았습니다. 유엔의 발표 후에도 알 샤바브는 자신이 장악한 지역이 기근 상황임을 부인했고 장악 지역에서 서방 국가의 구호 단체들이 활동하는 걸 금지했습니다.

소말리아에서 기근의 조짐은 2022년에 다시 나타났습니다. 2022년 6월 발표된 한 보고서는 2022년의 상황이 2011년의 상황과 아주 비슷하다고 밝혔습니다. 2021년 12월부터 가뭄으로 인해 기근의 조짐이 있었고 우크라이나 전쟁으로 곡물 값이 인상된 영향도 컸다고 합니다.◆ 2022년 11월 유엔은 2022년 1월에서 9월까지 심각한 가뭄으로 117만 명의 이주민이 발생했고 약 670만 명이 식량난에 처해 있다고 밝혔습니다. 심각한 가뭄으로 2021년 초부터 식량, 식수, 초지 등을 찾아 이주한 사람은 약 700만 명이라고 했습니다. 가뭄으로 인한 이주민의 발생은 정점에 이르렀던 8월 이후 조금 줄었으나 여전히 심각한 상태라고 했습니다.

소말리아는 기후 변화의 영향으로 가뭄 피해가 심각한 아프리카의 뿔 지역에 위치해 있습니다. 그런데 계속되는 내전 때문에 가뭄 같은 자연재해가 닥치면 다른 곳보다 더 큰 피해를 입곤 했습니다. 국가는 자연재해와 식량난으로부터 국민을 보호하지 않고 무장 집단들은 구호 단체의 활동을 방해하고 식량을 약탈했습니다. 많은 소말리아 사람들이 전투와 가뭄이 심각해질 때마다 조금이라도 안전하고 식량을 구할 수 있는 곳으로 떠나는 이주민의 삶을 살아야 했습니다.

국가의 보호를 기대할 수 없는 소말리아 사람들은 각자도생의 삶을 살아왔습니다. 가장 극적인 사례 중 하나가 소말리아 해적이었습니다. 2000년대 초반부터 소말리아 해역인 아덴만에서는 해적에 의한 어선 납치가 많이 발생했고 이것은 국제 문제가 됐습니다. 내전으로 소말리아 정부가 제 기능을 하지 못하자 소말리아 해역은 외국 선박들의 불법 어업과 독성 폐기물 투기장이 됐습니다. 소말리아 어부들은 스스로 감시에 나섰고 계속되는 내전으로 인한 생활고 때문에 이것이 해적질로 이어졌습니다. 나중에는 전문적인 기업형의 해적으로까지 발전했습니다.◆◆

2022년 7월 기준 알 샤바브는 소말리아 중앙과 남부 지역의 거의 70퍼센트를 장악하고 있었습니다. 소말리아 정부는 수도

◆ Nisar Majid et al(2022), "Another humanitarian (and political) crisis in Somalia in 2022," Feinstein International Center, Tufts University, p.5-6.

◆◆ 정주진(2011), 『평화학자와 함께 읽는 지도 밖 이야기』, 아르케, 16-23쪽.

인 모가디슈와 각 주의 중심 도시 정도만 통치하고 알 샤바브가 도시 외곽과 대부분의 농촌 지역을 장악했습니다. 알 샤바브는 공포와 협박 정치로 세금을 징수하고 다른 한편 의료, 교육, 사법 서비스를 제공하면서 정부의 영향력을 약화시켰습니다. 정치는 여전히 불안하고 무력 분쟁은 계속됐습니다. 2023년 중반인 현재까지도 끝나지 않는 무력 분쟁으로 소말리아에서는 해마다 수백 명이 사망하고 또 다른 수백 명이 부상을 당하고 있습니다.

3

무력은 무력을 낳고
비극의 땅 아프가니스탄

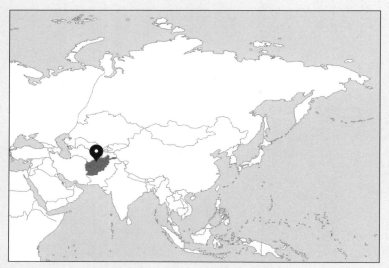

카자흐스탄

우즈베키스탄

키르기스스탄

아제르바이잔

투르크메니스탄

타지키스탄

중국

아프가니스탄

이란

쿠웨이트

파키스탄

바레인

카타르

아랍에미리트

사우디아라비아

오만

인도

아시아 지도 ©greenblog.co.kr

계속되는 무력 분쟁

2021년 10월 8일 아프가니스탄 북부 쿤두즈(Kunduz)주의 한 모스크(이슬람 사원)에서 자살폭탄 테러가 발생해 46명이 사망하고 수십 명이 부상을 당했습니다. 테러범은 금요일 정오 기도를 위해 약 300명의 신자가 모인 모스크에 들어가 폭탄을 터뜨렸습니다. 신자들은 아프가니스탄에서 소수파인 이슬람 시아파에 속하는 하자라(Hazara)족이었습니다. 아프가니스탄 인구의 대다수는 이슬람 수니파이고 시아파◆는 10~15퍼센트 정도로 알려져 있습니다. 하자라족은 아프가니스탄 민족 중에서도 소수로 전체 인구의 약 9퍼센트를 차지합니다. 이날의 테러는 2021년 8월 아프간전쟁이 끝난 후 있은 최악의 테러였습니다.

테러 직후 IS-호라산(Khorasan)이 자신의 소행임을 밝혔습니다. 이 무장 집단은 아프가니스탄에 근거를 둔 IS◆◆의 지역 세력 중 하나입니다. IS-호라산은 미군 철수로 카불 공항이 피란민들로 아수라장을 이룬 2021년 8월 26일에 피란민 169명과 미군 13명을 죽인 폭탄 테러를 저질러 악명을 떨쳤습니다. 2015년에 만들어진 IS-호라산은 아프가니스탄에서 가장 극단적이고 폭력적인 이슬람 근본주의 무장 집단입니다. 미군 철수와 아프간전쟁 종식 후 다시 정권을 잡은 탈레반보다 더 극단적인 무장 집단으로 알려져 있습니다. 이들은 설립된 후 수년 동안 아프간 군인과 정치인, 이슬람 소수파 민족, 그리고 탈레반까지 공격 목표로 삼았습니다. 여학교, 병원, 조산원 등을 공격하고 임산부와 간호사까지 죽이는 극악한 범죄를 저지르기도 했습니다. 이들은 아프간전쟁의 종식을 위해 미국과 협상을 한 탈레반을 지하드

◆ 이슬람교의 가장 대표적이고 대립적인 두 종파로 대략 세계 이슬람 신도의 90퍼센트가 수니파고 10퍼센트 정도가 시아파인 것으로 알려져 있다. 두 종파의 대립은 선지자 무하마드의 사후 누가 그의 뒤를 이을 것이냐를 두고 대립한 데서 시작됐고 이후 지금까지도 유혈 충돌을 반복하고 있다. 대표적인 수니파 국가로는 사우디아라비아, 인도네시아, 파키스탄, 이집트, 요르단 등이 있고, 시아파 국가로는 이란, 이라크, 바레인 등이 있다.

◆◆ 이슬람 국가(Islamic State)라는 뜻으로, 급진 수니파가 주도하는 무장 단체이다. 중동, 유럽 등을 가리지 않고 자행하는 잔인한 테러로 전 세계에 공포를 안겼다.

평화의 눈으로 본
세계의 무력 분쟁

(Jihad), 즉 성스러운 전쟁 수행의 정신을 저버린 변절자라고 비난했습니다. 또한 자신들의 테러와 살해는 이슬람법에 따라 정당한 일이라고 주장했습니다.

IS-호라산은 아프간전쟁 종식 후 탈레반 정권하에서 계속 자살폭탄 테러를 저질렀습니다. 한 달에 몇 건씩 저지르기도 했습니다. 2022년 9월 30일에는 카불에 있는 한 교육센터에 자살폭탄 테러를 가해 30명 이상을 살해했습니다. 사망자 대부분은 시험을 준비하고 있던 여학생들이었습니다. 테러가 발생한 지역은 하자라족이 주로 사는 곳이어서 모든 언론은 이번에도 IS-호라산이 시아파 소수 부족을 노린 것으로 보도했습니다. 그리고 대부분의 기사에서는 언급되지 않았지만 이 테러는 여성의 교육받을 권리를 보장하지 않고 여성에 대한 억압이 심해지고 있는 아프가니스탄의 상황을 잘 보여 줬습니다.

2021년 8월 아프간전쟁이 끝나기 전까지 세계는 아프가니스탄을 아프간전쟁과 함께 기억했습니다. 전쟁이 끝나고 탈레반이 다시 정권을 잡은 다음에는 한동안 아프가니스탄 사람들의 안전, 특히 여성들의 안전에 대해 우려하는 목소리가 높았습니다. 그러나 점차 관심은 사그라들었고 아프가니스탄은 자살폭탄 테러 같은 사건이 있을 때만 뉴스에 등장했습니다. 인권 침해와 여성 탄압이 심각한 상태이지만 뉴스만 보면 적어도 무력 분쟁과 그로 인한 인명 피해는 사라진 것 같았습니다. 그러나 유감스럽게도 그렇지는 않았습니다. 수도인 카불 밖에서는 여전히 무력 분쟁이 계속됐고 자살폭탄 테러는 그런 무력 분쟁의 결과였습니다. 특히 정권을 잡은 탈레반과 그에 대항하는 IS-호라산의 무력 충돌로 많은 사람이 여전히 목숨을 잃고 매일 공포 속에서 살고 있었습니다.

"매일 두세 명이 살해돼요." 2021년 10월 카불 동쪽에 위치한 난가하르(Nangarhar)주에 사는 압둘라는 아프가니스탄 라디오 기자에게 말했습니다. 그는 탈레반이 다시 정권을 잡은 2021년 8월 15일 이후 IS-호라산의 폭탄 공격과 암살이 증가했다고 했습니다. 난가하르주는 IS-호라산의 세력이 강한 곳인데 아프간 전쟁이 끝난 후 이곳은 탈레반과 IS-호라산이 충돌하는 중심 지역이 됐습니다. "탈레반 병사들이 살해됐고 그 후엔 탈레반이 밤에 민가를 급습해 사람들을 잡아갔어요. 잡혀간 사람들은 며칠 후 시신으로 발견됐어요."라고 또 다른 주민이 말했습니다. 국제 인권 단체인 휴먼라이츠워치(Human Rights Watch)는 조사를 통해 2021년 8월에서 2022년 4월 사이 난가하르의 한 수로에 100구가 넘는 시신이 버려졌다고 밝혔습니다. 시신에는 심한 고문의 흔적이 있었습니다. 시신 대부분은 탈레반이 IS-호라산의 병사이거나 협력자라고 생각해 살해한 민간인일 것으로 추정됐습니다. 탈레반이 많은 주민을 잡아가 때리고, 목을 매달고, 목을 잘라 죽이는 일이 많이 벌어졌기 때문입니다. 민간인이 표적이

평화의 눈으로 본
세계의 무력 분쟁

돼 살해되는 일은 난가하르주 옆의 쿠나르(Kunar)주에서도 벌어졌습니다. 탈레반은 두 개 주에서 특히 이슬람의 한 지류인 살라피즘(Salafism)을 믿는 살라피스트(Salafist) 주민들을 겨냥했습니다. IS-호라산 병사들 대부분이 살라피스트이기 때문에 주민들도 같은 취급을 했던 겁니다. 난가하르주에 사는 살라피스트인 하키물라는 "모든 살라피스트가 IS-호라산 병사인 건 아니에요."라고 말했습니다. 그는 많은 친구가 탈레반에 잡혀가거나 살해됐다고 했습니다.

아프간전쟁이 끝난 후 아프가니스탄 동쪽의 주들에서는 탈레반과 IS-호라산의 정면충돌이 시작됐습니다. 아프간전쟁 동안 미군의 공격으로 잠잠했던 충돌이 재연됐던 겁니다. IS-호라산이 탈레반을 공격하고, 탈레반은 거기에 보복하고 IS-호라산을 제압하기 위해 주민들을 체포하고 살해하는 일이 벌어졌습니다. IS-호라산은 다시 탈레반을 공격하고 존재를 과시하기 위해 아프가니스탄 곳곳에서 자살폭탄 테러를 저질렀습니다. 둘의 반복되는 무력 충돌로 많은 민간인이 목숨을 잃었습니다.

아프간전쟁은 끝났으나 또 다른 무력 분쟁이 계속되면서 수많은 이들이 다시 목숨을 위협받는 상황에 놓였습니다. 무력 분쟁이 계속되는 이유는 아프가니스탄에서는 서로 대립하는 무장 집단이 많기 때문입니다. 무장 집단이 많은 이유는 무력 분쟁이 오래 계속됐기 때문입니다. 무력 분쟁이 무장 집단을 낳고, 무장 집단 때문에 다시 무력 분쟁이 계속되는 악순환이 생겼습니다.

무력 분쟁의 역사

아프가니스탄은 아시아에서 유럽으로 가는 길목에 위치한 지리적 조건 때문에 오랜 세월 여러 정복자에게 점령당했습니다. 19세기에는 영국이 러시아로부터 인도를 보호하기 위해 아프가니스탄 합병을 시도했고 그 결과 두 나라 사이에는 여러 차례(1차 전쟁: 1839~1842, 2차 전쟁: 1878~1881) 전쟁이 있었습니다. 영국과 아프가니스탄은 1919년 8월 19일 조약을 맺고 3차 전쟁을 끝냈습니다. 이로써 아프가니스탄은 영국의 실질적 지배에서 벗어나 완전히 독립했습니다. 이날은 아프가니스탄의 독립기념일이기도 합니다. 1926년 아프가니스탄에는 다시 왕정이 들어섰습니다. 아프가니스탄은 중립을 유지하면서 제2차 세계대전을 순조롭게 넘겼습니다.

1946년에서 1953년까지 집권한 정부는 자유선거를 치르고 언론 자유를 허락했습니다. 1953년에 출범한 정부는 여성에게 대학 교육과 일자리를 허락하는 등 사회 개혁을 했습니다. 하지만 다른 한편으로는 반대를 허용하지 않는 억압 정치를 했습니다. 또한 사회 개혁을 하면서 공산 국가들로부터의 경제적, 군사적

1880년 9월 영국과 아프가니스탄의 2차 전쟁 당시 모습을 묘사한 그림. (리차드 케이튼 우드빌 주니어, 1881년)

지원을 모색했고 그 결과 아프가니스탄과 소련은 가까운 동맹이 됐습니다. 이것이 향후 비극의 전조가 됐습니다.

　1970년대에는 정치적 불안이 고조됐습니다. 1973년, 1978년, 1979년에 쿠데타가 일어났습니다. 무력으로 정권을 무너뜨리고 새 정권을 세우는 일이 반복됐습니다. 아이러니하게도 이 시기에 이슬람 종교와 전통에서 벗어나 세속적 국가◆로의 사회 개

◆　국가가 하나의 공식 종교를 정하지 않고 모든 종교를 동등하게 대하고 종교 문제에 대해 중립적인 입장을 취하는 국가를 말한다. 인구의 대다수 특정 종교의 신자일지라도 대부분의 국가는 세속적 국가다. 이슬람 신자가 다수인 국가의 경우 이슬람교를 국가의 공식 종교로 삼는 국가가 있고 그렇지 않은 세속적 국가도 있다.

혁이 단행됐습니다. 남성은 수염을 깎아도 됐고 여성은 몸 전체를 덮는 부르카를 입지 않아도 됐습니다. 여성의 권리가 보장되고 투표권도 인정됐습니다. 사회주의식 토지 개혁도 있었습니다. 정부는 개발에도 힘썼는데 사회 기반 시설 건설 등을 위해 소련의 지원을 받았습니다. 어두운 이면도 있었습니다. 정부는 개혁에 반대하는 수만 명의 전통적인 지식인을 수감하고 고문하고 살해했습니다.

대도시 사람들은 사회 개혁을 지지하는 것처럼 보였습니다. 그러나 대다수 국민은 공산주의 이념에 기반한 사회 개혁과 소련에 대한 지나친 의존을 지지하지 않았습니다. 지방에서는 정부에 반대하는 반란이 일어났습니다. 1979년 봄이 되자 정부에 반대하는 반란이 도시들을 포함해 아프가니스탄 전역으로 확산됐습니다. 사실상 내전 상태였습니다. 아프가니스탄의 안보 상황이 불안하다고 판단한 소련은 군사 개입을 결정했습니다. 1978년 12월 맺은 양국의 군사조약이 군사 개입을 정당화하는 명분이 됐습니다.

1979년 12월 24일 소련은 10만 명이 넘는 병력으로 아프가니스탄을 침공하고 사실상 점령했습니다. 아프가니스탄 대통령은 소련 정보국이 정부를 장악한 이후 살해됐고 소련은 새 대통령을 앉혔습니다. 소련의 점령이 시작된 후 여러 무장 집단으로 구성된 조직인 무자헤딘(Mujahideen)은 소련에 대항해 싸웠습니다. 미국, 영국, 파키스탄, 이란, 사우디아라비아 등이 무자헤딘을 지원했습니다. 사실 미국은 소련이 침공하기 전에 이미 반정부 무장 집단들을 지원하고 있었습니다. 아프가니스탄에 대한 소련의 영향을 견제하고 축소하기 위해 친소련 정권에 대한 무력 저항을 지원했던 겁니다. 소련의 침공 후에는 무자헤딘에게 대규모 군사 지원을 했습니다. 세계는 이 전쟁을 냉전 시대 대리전◆의 하나로 기억하고 있습니다. 전쟁으로 약 200만 명이 사망했고 수백만 명의 난민이 발생했습니다. 1981년에는 약 150만 명이던 난민 수가 1986년에는 약 500만 명까지 증가했습니다. 난민 중 대부분은 이웃 국가인 파키스탄과 이란으로 갔고 아주 일부만 미국과 유럽연합으로 갔습니다.

전쟁 동안 소련은 민간인에 대한 무차별 공습, 살인, 강간, 고문 등을 자행했고 이에 대해 국제 사회의 비난이 높아졌습니다. 다른 한편 전쟁이 길어지면서 소련과 무자헤딘 모두 심각한 병력 손실을 입었습니다. 1988년 4월 전쟁에 관여된 소련, 아프가니스탄, 미국, 파키스탄은 스위스의 제네바에서 평화조약에 서명했습니다. 이에 따라 소련은 1988년 5월부터 1989년 2월까지

◆ 세력 다툼을 벌이는 국가들이 직접 전쟁을 하지 않고 동맹국이나 영향력하에 있는 국가가 대신 상대편 국가, 또는 상대편의 지원을 받는 국가와 싸우도록 하여 일어나는 전쟁을 말한다. 제2차 세계대전 이후 시작된 냉전 시대에 많이 쓰이게 된 용어이다.

병력을 철수했습니다. 이로써 약 9년 동안의 전쟁이 끝났습니다.

전쟁이 끝난 후에도 무자헤딘은 소련의 지원을 받는 정부에 계속 저항했습니다. 1992년 무자헤딘과 다른 무장 집단들은 정부군과 결탁해 수도 카불을 점령하고 대통령을 끌어내렸습니다. 그러나 카불 안과 밖에서 여러 무장 집단들이 충돌하면서 내전 상태가 됐습니다.

1995년에 새롭게 결성된 이슬람 무장 집단인 탈레반이 '평화'를 약속하며 등장했습니다. 수년 동안의 가뭄, 기근, 전쟁으로 시달리고 있었던 사람들은 전통 이슬람 가치를 내세운 탈레반을 환영했습니다. 탈레반은 엄격한 이슬람법을 적용했습니다. 여성은 부르카를 입어야 했고 혼자 밖에 나갈 수 없었습니다. 이슬람법을 어기는 사람은 처형하거나 손발을 절단했습니다. 1996년 9월 탈레반은 카불을 점령하고 아프가니스탄 이슬람국가(The Islamic Emirate of Afghanistan)를 건설했습니다. 미국은 탈레반 정권을 인정하지 않았습니다.

탈레반 정권이 들어선 후 북부 여러 부족의 무장 집단들은 탈레반 정권에 대항해 싸웠습니다. 탈레반 정권이 무너진 2001년까지 이들은 카불 북부와 동부 등 아프가니스탄 영토의 거의 30퍼센트를 차지했습니다. 탈레반 정권은 무장 집단들의 세력이 강한 지역에서 민간인을 학살했습니다. 유엔은 2001년 10월의 보고서에서 "지난 4년 동안 15건의 학살이 있었다."며 "모두 매우 조직적으로 자행됐고 (탈레반 정권의) 국방부 또는 탈레반 지도자 모하메드 오마르(Mohammed Omar)의 지시에 의한 것이었다.”고 했습니다.

다른 한편 1998년 다국적 이슬람 극단주의 무장 집단인 알 카에다(Al Qaeda)가 아프리카 케냐와 탄자니아의 미국 대사관에 폭발물 테러 공격을 했습니다. 이 테러로 200명 이상이 사망했습니다. 테러에 대응해 미국은 아프가니스탄에 있는 알 카에다의 수장인 오사마 빈 라덴(Osama bin Laden)의 훈련 캠프에 미사일 공격을 했습니다. 미국은 탈레반 정권에게 아프가니스탄에 숨어 있는 빈 라덴을 법정에 세울 수 있도록 추방하라고 요구했습니다. 그러나 탈레반은 미국의 요구를 거절했습니다. 2001년 9월 11일 알 카에다는 미국에 테러 공격을 가했고 며칠 후 미국은 빈 라덴이 테러를 명령했음을 확인했습니다. 미국은 10월 7일 빈 라덴을 넘기지 않은 탈레반 정권을 겨냥해 아프가니스탄을 침공했습니다. 이로써 아프간전쟁이 시작됐습니다.

20년의 아프간전쟁

아프가니스탄이 다시 긴 전쟁에 휘말리게 된 이유는 2001년 미국에서 있은 9·11 테러 때문이었습니다. 9·11 테러는 테러범

유나이티드 항공 175편이 충돌한 미국의 세계 무역 센터 남쪽 타워(2001년 9월 11일).
©로버트 J. 피쉬.

들이 미국의 민간 항공기 네 대를 납치해 뉴욕에 있는 110층짜리 세계 무역 센터 쌍둥이 빌딩과 수도 워싱턴 디시에 있는 국방부 건물을 차례로 들이받은 사건입니다. 네 번째 항공기는 목적을 이루지 못하고 추락했습니다. 믿기 어려운 이 전대미문의 테러로 3,000명에 가까운 사람이 목숨을 잃고 구조 작업에 투입된 소방관과 경찰관도 400명 이상 사망했습니다. 거대한 두 건물이 순식간에 붕괴되자 뉴욕은 말 그대로 아수라장이 됐습니다. 미국인들은 물론 전 세계인이 한 번도 본 적 없는 테러로 충격에 빠졌습니다.

미국은 1998년 아프리카의 미국 대사관 테러 이후부터 알 카에다를 주시하고 있었으나 자국 내 테러를 막지는 못했습니다. 이 테러는 제2차 세계대전 때 있었던 일본의 하와이 진주만 공격 이후 처음 있는 미국 본토에 대한 공격이었습니다. 미국인들은 충격과 공포에 휩싸였습니다. 테러범들이 2000년부터 미국 내에서 비행 훈련을 받으면서 테러를 계획했는데 정보 당국이 이를 알지 못했다는 점 또한 미국인들에게 충격을 줬습니다. 미국인들의 슬픔은 분노로 바뀌었고 알 카에다를 응징해야 한다는 여론이 들끓었습니다. 테러 사흘 뒤인 9월 14일 미국 의회는 대통령에게 테러범들, 또는 그들에게 피난처를 제공하는 집단이나 사람을 소탕하는 데 군대를 동원해도 좋다고 허락했습니다. 대통령이 테러범 소탕을 위해 전쟁을 시작할 수 있게 한 겁니다. 의회의 이런 결정은 분노한 미국인들의 지지를 받았습니다.

미국은 탈레반 정부에게 빈 라덴을 넘기라고 했지만 탈레반은 이에 응하지 않았습니다. 미국은 빈 라덴을 체포하고 알 카에다를 소탕하기 위해 아프가니스탄을 공격할 명분을 쌓기 시작했습니다. 테러를 명령한 빈 라덴을 잡는 건 정당하지만 그것을 이유로 테러를 저지르지 않은 아프가니스탄을 공격하는 건 정당화하기 힘들었기 때문입니다. 미국은 탈레반 정권이 엄격한 이슬람 규율로 국민을 억압하는 점을 지적했습니다. 특히 여성에게 부르카를 입게 하고 외출할 때는 항상 남성 보호자와 함께해야 하며, 교육을 받지 못하고 직업을 갖지 못하게 하는 점 등을 강조했습니다. 아프가니스탄 공격은 탈레반 정권하에서 억압받는 아프가니스탄 사람들도 구하는 일이라고, 무엇보다 여성의 권리를 찾아 주는 일이라고 미국인들을 설득했습니다. 공포와 억압 통치로 세계로부터 비난을 받고 있던 탈레반을 이제 미국인들은 증오했고 전쟁에 대한 지지가 높아졌습니다. 마침내 2001년 10월 7일 미국은 영국과 함께 아프가니스탄에 대한 공습을 시작했습니다.

미국의 아프가니스탄 침공은 전 세계 시민사회는 물론 많은 지식인과 전문가로부터 비난을 받았습니다. 가장 큰 문제는 테러 집단과 그 수장을 잡기 위해 한 나라를 침공하는 게 과연 정당한가, 그리고 효과가 있느냐 하는 것이었습니다. 알 카에다는 국가가 아니라 세계 곳곳에 근거지를 두고 활동하는 무장 집단이고, 그런 무장 집단을 소탕하려고 특정 국가를 공격하는 경우 소탕도 하지 못하고 그곳 주민들에게 피해만 줄 가능성이 높았기 때문입니다. 결론을 말하자면 미국은 아프간전쟁으로 빈 라덴을 잡지도 알 카에다를 소탕하지도 못했습니다. 빈 라덴은 2011년 5월 2일 파키스탄의 안전 가옥에서 미군 특수부대에 의해 사살됐습니다. 전쟁이 아니라 10여 년 동안의 정보 수집과 첩보 작전의 결과였습니다. 한편 알 카에다는 지금까지도 건재합니다.

아프가니스탄 침공이 비난을 받은 또 다른 이유는 아프가니스탄에 대한 공격이 정의의 실현이 아니라 빈 라덴을 숨겨 주고 있던 탈레반에 대한 보복으로 보였기 때문입니다. 테러를 저질러서가 아니라 테러범을 숨겨 준다는 이유로 공격을 한 건 정당화하기 힘든 일이었습니다. 무엇보다 아무 죄가 없는 아프가니스탄 사람들을 전쟁으로 몰아넣은 건 어떤 말로도 변명할 수 없는 일이었습니다. 아프가니스탄은 미국의 비뚤어진 정의 구현 제단에 바쳐진 희생양이었습니다. 그러나 미국은 '테러와의 전쟁'이라는 명분을 내세우며 다른 국가들에게까지 군대의 파견을 요청했습니다.

미국의 공격을 두고 종교 전쟁의 재연이라는 우려와 비난 또한 팽배했습니다. 이슬람 무장 집단인 알 카에다는 미국과 서방 국가들, 다시 말해 기독교 문화에 기반한 국가들에 대한 증오심에서 테러를 저질렀습니다. 빈 라덴은 2002년 11월 공개한 '미국에게 보내는 편지'에서 테러를 저지른 이유로 미국이 이스라엘을 세우고 팔레스타인 탄압을 지지해 온 서방 국가들의 수장이라는 점, 그리고 이라크, 소말리아, 레바논 등 이슬람 국가들을 억압하고 자원을 약탈한 점들을 지적했습니다. 물론 이들 국가에는 이슬람 외 다른 종교도 있지만 빈 라덴은 이 국가들을 이슬람 국가로 봤습니다. 빈 라덴은 미국의 아프가니스탄 공격 직후 공개한 영상 연설에서도 미국에 대한 테러가 수십 년 동안 핍박

받아 온 이슬람 신자들을 위해 신이 허락한 것임을 강조했습니다. 세계는 이슬람 신자와 비신자로 구분되어 있고 신이 이슬람 신자들을 보호할 것이라고 했습니다.

다른 한편 9·11 테러 당시 미국 대통령이었던 조지 부시도 신의 뜻을 강조했습니다. 그는 테러를 당한 후인 2001년 9월 20일 연설에서 미국이 선과 악의 대결에 직면해 있고 신, 즉 하나님은 선의 편이라고 강조했습니다. 아프가니스탄을 침공한 이후의 연설에서도 선으로 악을 극복할 것이라고 했습니다. 그는 테러와의 전쟁이 하나님의 뜻에 따라 악에 맞서고 선을 위해 싸우는 것이며 하나님은 미국의 편이라고 했습니다. 빈 라덴도 부시도 각자 신의 뜻에 따라 행동하고 신이 자신을 보호해 줄 것이라고 강조했던 겁니다. 다만 그 신이 다르다는 게 문제였습니다.

아프간전쟁은 명목상 국제연합군의 테러와의 전쟁이었습니다. 국제 사회는 유엔의 결정하에 국제안보지원군(International Security Assistance Force: ISAF)을 만들어 2001년부터 2014년까지 아프가니스탄에서 군사 작전을 수행했습니다. ISAF의 임무에는 아프가니스탄 군대를 훈련하고 정부 기관을 재건하는 등의 일이 포함됐지만 넓게는 탈레반을 소탕하는 군사 작전을 수행하는 것이었습니다. 그러니 아프간전쟁은 알 카에다가 아닌 탈레반을 겨냥한 국제 사회의 전쟁이었습니다. 전 세계 42개 국가의 군대가 시기와 규모는 다르지만 ISAF에 참여했습니다. 한국도 미국의 요청으로 군대를 파견했고 전투가 아닌 구호와 재건 사업에 참여했습니다. 그럼에도 사실상 아프간전쟁은 미국의 전쟁이었습니다. 아프가니스탄에 파견된 군대도 대부분 미군이었습니다. 미국이 주도했고 몇 개 국가를 제외하고는 모두 미국의 요청을 거절할 수 없어서 참전했습니다. 유엔이 결의했다 하더라도 테러범을 잡는다는 명분으로 국제 사회가 전쟁을 통해 아프가니스탄 정부를 무너뜨리고 새 정부를 세운 건 잘못된 일이었습니다. 국제 사회가 강대국의 이익을 위해 전쟁에 동의하고 점령군이 된 불미스러운 사례였습니다.

미국의 침공 후 탈레반은 2001년 11월에 수도 카불을 포함해 거의 모든 점령지에서 퇴각했고 탈레반 정권은 공식적으로 몰락했습니다. 하지만 전쟁은 끝나지 않고 오히려 본격적으로 시작됐습니다. 몰락한 탈레반은 계속 연합군에 대항해 싸웠고 시간이 지나면서 세력을 키웠습니다. 탈레반은 다른 이슬람 무장 집단들과 함께 미국은 물론 미국이 세운 아프간 정부에도 맞서 싸웠습니다. 그렇게 세력을 키워 마침내 미국과 마주 앉아 평화 회담을 하기에까지 이르렀습니다. 탈레반과의 전쟁에서 이길 수 없다는 결론을 내린 미국은 2021년 8월 군대를 완전히 철수시켰고 탈레반은 다시 정권을 잡았습니다. 20년 동안의 아프간전쟁이 끝났습니다.

전쟁 속의 국가 재건

2001년 12월에 유엔은 탈레반에 저항해 온 무장 집단과 합의해 임시정부를 세웠습니다. 미국은 2002년 4월에 아프가니스탄 재건 계획을 밝혔습니다. 부시 미국 대통령은 "아프가니스탄을 악으로부터 자유롭고 사람들이 살기 좋은 곳으로 만들 것"이라며 아프가니스탄 재건 사업을 시작했습니다. 2002년 6월에는 과도정부가 출범했고 임시정부 수장을 맡았던 친미 인물인 하미드 카르자이(Hamid Karzai)가 대통령이 됐습니다. 그는 2004년 10월 민주적 선거를 통해 선출된 첫 대통령이었습니다. 그러나 그에게도 아프간 정부에게도 '친미'라는 꼬리표가 붙었습니다. 유엔의 결정으로 새로운 국가 수립이 진행됐으나 이것은 사실 미국의 아프가니스탄 재건 사업이었습니다.

미국은 오랜 무력 분쟁으로 제대로 작동되지 못한 정부의 재건과 자유롭고 안전한 사회로의 변화, 아프가니스탄 사람들의 삶의 질 향상을 아프가니스탄 재건 사업의 목표로 삼았습니다. 그러나 미국 의회가 임명한 아프가니스탄 재건 특별감사관은 2021년 발행한 보고서에서 20년의 재건 사업이 실패했다고 결론지었습니다. 보고서는 실패의 원인으로 가장 먼저 일관성과 부처 사이 조율이 없는 사업 계획과 실행을 지적했습니다. 미국 관리들은 아프가니스탄에 맞지 않거나 도움이 되지 않는 사업을 많이 진행했고 그런 사업의 결과물은 결국 무용지물이 됐다고 했습니다. 또한 미국 정부 부처들이 사업을 잘 계획하고 수행할 능력이 있는 인력을 아프가니스탄에 보내지도 않았고 아프가니스탄에 대해 제대로 교육하거나 현장에 맞는 훈련을 시키지도 않았다고 했습니다. 무엇보다 미국이 아프가니스탄의 사회적, 경제적, 정치적 상황을 제대로 이해하지 못했기 때문에 재건 사업이 실패했다고 지적했습니다. 미국의 기술이나 방식은 아프가니스탄의 수준에 맞지 않았고, 때로 지역 유력 인사들이 미국의 지원금을 유용했다고 했습니다. 또 다른 가장 큰 문제는 안보 상황의 불안이었다고 보고서는 지적했습니다. 곳곳에서 무장 집단들의 방해와 협박으로 선거도 재건 사업도 제대로 진행되지 못했습니다. 보고서는 미국이 20년 재건 사업의 실패에서 교훈을 얻어야 한다고 했습니다.

미국의 실패는 가볍게 얘기할 수 없습니다. 한 국가가 다른 국가를 자신의 기준과 이익에 맞춰 바꾸려다 실패한 것이기 때문입니다. 무엇보다 미국이 주도권을 가지고 진행한 것이 가장 큰 문제였습니다. 정작 아프간 정부와 국민은 자신들의 정부와 사회 변화를 위한 사업에서 소외되고 협력자나 공동 실행자가 아니라 수혜자에 머물렀던 겁니다. 아프간전쟁이 끝나고 우리 언론은 아프가니스탄 재건이 실패한 이유를 아프간 정부의 부정부패라고 지적했습니다. 틀린 지적은 아니지만 부정부패는 모든 국가에서, 특히 빈곤국에서는 아주 흔한 일입니다. 그런 상황을 고려하거나 바꿀 방법을 치밀하게 생각하지 않고 미국의 방식대로 사업을 진행한 점이 문제였습니다. 미국에게는 경험이었지만 아프가니스탄에게는 강대국에 휘둘린 뼈아픈 역사였습니다.

재건 사업이 아예 성과가 없었던 건 아닙니다. 특히 수도 카불은 많이 발전하고 변했습니다. 아프간 정부의 영향력이 미치는 지방에도 변화가 있었습니다. 인권을 탄압하는 이슬람법은 사라졌고 민주적 선거로 대통령을 선출했습니다. 여자아이들은 학교에 가고 여성들은 부르카를 벗고 자유롭게 외출하고 직장에서 일을 할 수 있었습니다. 탈레반 정권 때보다 자유롭고 발전된 사회가 됐습니다. 그러나 아프가니스탄이 아니라 미국이 주도한 재건 사업은 사회를 근본적으로 바꾸지 못했습니다. 그 결과 탈레반이 재집권하면서 과거로 회귀했습니다.

재건 사업이 실패한 가장 큰 이유는 전쟁 중에 실행됐기 때문입니다. 전쟁을 하면서 국가를 재건한다는 건 모순입니다. 한쪽에서는 사회를 파괴하고 사람들의 목숨과 안전을 위협하면서 다른 쪽에서는 사회를 변화시키고 삶의 질을 높이는 건 불가능합니다. 미국이 전쟁을 계속하는 동안 아프가니스탄 사람들은 안전하게 살 수 없었습니다. 미군과 연합군, 아프간 정부군, 탈레반, 그리고 다른 무장 집단들 사이의 무력 충돌, 계속되는 테러로 많은 사람이 목숨을 잃거나 부상을 당했습니다.

20년 동안 미국이 아프간전쟁에 쓴 돈은 2조 3,000억 달러가 넘었습니다. 한화로 계산하면 약 2,990조(1달러 1,300원 기준/ 이하 달러 환율은 이와 같음) 원입니다. 여기에는 직접적인 전쟁 비용 외에 미군의 부상 군인 관리 비용과 부채 이자도 포함됐습니다. 이렇게 많은 돈을 썼는데도 전쟁에서 졌고 재건 사업에도 실패했으니 미국은 속이 쓰릴 겁니다. 그런데 미국이 정말 후회하고 나아가 반성해야 하는 건 정당하지 않은 이유로 한 국가를 침공해 20년 동안 전쟁의 늪으로 빠뜨렸다는 점입니다. 긴 세월 동안 아프가니스탄을 전쟁터로 만들고도 결국 탈레반에게 다시 정권을 넘겨주고 아프가니스탄을 과거로 되돌려 놓았다는 점입니다. 미국은 협력한 사람들의 안전 대책도 세우지 않은 채 아프가니스탄을 떠났습니다. 20년 동안 아프가니스탄을 실질적으로 지배했으면서도 전혀 책임을 지지 않았습니다.

아프간전쟁 동안의 사망자는 약 24만 3,000명으로 집계됐습니다. 여기에는 미군, 연합군, 아프간군과 경찰, 아프가니스탄 민간인, 파키스탄 민간인, 구호 활동가, 무장 집단 병사 등 모두가 포함됐습니다. 특히 주목할 건 민간인 사망자 수입니다. 아프가니스탄 민간인 사망자는 4만 6,319명, 파키스탄 민간인 사망자는 2만 4,099명으로 총 7만 418명이었습니다. 탈레반과 다른 무장 집단들이 파키스탄에 근거지를 만들거나 국경을 넘나들며 활동했고 파키스탄에 대한 미국의 군사 작전이나 공습이 자주 있었기 때문에 파키스탄 민간인도 많이 사망했습니다. 전쟁 초기에는 민간인 사망자가 제대로 집계되지 않았고 유엔이 2007년부터 숫자를 파악했기 때문에 민간인 사망자는 훨씬 많을 것으로 짐작됩니다.

가장 많은 사망자는 무장 집단에서 나왔습니다. 아프가니스탄과 파키스탄의 무장 집단 병사는 8만 5,731명이 사망했습니다. 인도주의적 지원을 하다가 사망한 사람도 551명이나 됐습니다. 부상자는 셀 수 없이 많았습니다. 미군 사망자는 2,324명, 연합군 사망자는 1,144명이었습니다. 아프간군과 경찰 사망자는 6만 9,000명이었습니다. 사망자 통계는 미국의 전쟁으로 결국 아프가니스탄 사람들이 가장 큰 피해를 보았음을 말해 줍니다.

무력 분쟁의 지속과 삶의 파괴

아프가니스탄은 정치적 불안이 커지고 사실상 내전이 시작된 1978년 이후 2023년 현재까지 계속 무력 분쟁 상태입니다. 무력 분쟁의 역사는 아프가니스탄 사람들에게 곧 생존의 역사였습니다.

1979년 아프가니스탄을 침공한 소련군은 모든 종류의 전쟁 범죄를 저질렀습니다. 소련군이 1984년 쿤두즈주의 마을들에서 250명 이상을 학살한 사건, 1985년 탱크를 끌고 라그만(Laghman)주의 마을들에 들어가 500~1,000명의 주민을 학살한 사건은 대표적인 사례입니다.[♦] 소련군은 주민들이 적인 무자혜딘에 협력했다는 이유로 보복을 하거나 무자혜딘 병사를 잡겠다며 마을을 유린하고 민간인을 학살했습니다. 이외에도 여러 곳에서 학살이 있었습니다. 학살 외에도 약탈과 강간, 마을과 농작물 파괴 등의 범죄를 저질렀습니다.

소련군이 물러난 후 이어진 1989~1996년의 내전에서도 대규모 민간인 피해는 이어졌습니다. 특히 1992년 이후 무장 집단들이 카불을 점령하기 위해 서로 무차별 공습과 폭격을 가해 수만 명의 민간인이 목숨을 잃었습니다. 무장 집단들은 약탈, 납치, 강간 등의 범죄를 저질렀고, 남자아이들은 무장 집단에 합류시키려고 강제로 끌고 가고 여자아이들에게는 성폭력을 가했습니다. 1996~2001년 탈레반 정권하에서도 민간인 피해는 이어졌습니다. 탈레반은 저항하는 무장 집단이 장악한 지역에서 학살을 자행했고, 하자라족 같은 소수민족을 학살해 시신을 며칠 동안 거리에 전시하는 잔인한 행동도 서슴지 않았습니다. 2001년부터 20년 동안 계속된 아프간전쟁 동안에도 미군과 연합군의

◆　Alex J. Bellamy(2012), *Massacres and morality: mass atrocities in an age of civilian immunity*, Oxford University Press, p.281.

오폭, 탈레반과 무장 집단들의 공격 등으로 셀 수 없이 많은 사람이 목숨을 잃고 부상을 당했습니다. 아프간전쟁이 끝난 후에는 탈레반과 IS-호라산의 대결로 많은 사람이 테러나 소탕 작전 때문에 목숨을 잃거나 매일 불안한 생활을 했습니다. 또한 수백만 명이 생존을 위해 고향을 떠나 이주민이 되거나 다른 나라로 가 난민이 됐습니다.

무력 분쟁이 미친 가장 큰 영향은 빈곤의 지속이었습니다. 아프가니스탄은 세계에서 가장 가난한 나라 중 하나입니다. 계속된 정치적 불안과 무력 분쟁은 삶을 힘들게 했고 20년 동안의 아프간전쟁은 상황을 더욱 악화시켰습니다. 미국이 막대한 돈을 쏟으며 재건 사업을 했지만 수도인 카불을 제외하고 지방은 큰 변화가 없었습니다. 특히 탈레반 등 무장 집단들이 장악한 지역은 전혀 혜택을 보지 못했습니다. 빈곤의 지속은 양귀비 재배와 아편 생산으로 이어졌습니다.

2021년 유엔 마약범죄국(Office on Drugs and Crime)에 따르면 아프가니스탄에서 생산해 내는 아편은 여전히 전 세계 거래량의 80퍼센트를 차지했습니다. 2021년 아프가니스탄의 아편 거래 수입은 27억 달러로 한화 약 3조 5,000억 원(환율 1,300원 기준)이었습니다. 아프가니스탄 농민들은 수십 년 동안 아편 생산을 위해 양귀비를 재배해 왔습니다. 무력 분쟁이 고착된 1980년대부터 양귀비 재배와 아편 거래는 가난한 농민들에게 중요한 수입원이었습니다. 아편 거래는 무장 집단들에게도 중요한 수입원이었고 무력 분쟁을 악화하는 데 일조했습니다.

아프간전쟁 시작 후 미국은 아편 생산을 줄이고 아편 거래 자금이 탈레반에 들어가는 것을 막기 위해 90억 달러(한화 약 11조 7,000억 원) 이상을 썼습니다. 농민들을 설득하고 양귀비 밭이나 아편 재배 시설을 공습하기도 했습니다. 그러나 실패했습니다. 탈레반 등 무장 집단이 장악한 지역에서는 실효성이 없었기 때문입니다. 사실 탈레반도 2001년과 2002년에는 양귀비 재배를 금지했습니다. 그러나 그 후엔 전쟁 자금을 마련하기 위해 양귀비 재배 농민에게 세금을 매기고 아편 거래를 돕고 밀수를 하기도 했습니다. 그 결과 아프간전쟁 동안 아편 생산과 거래는 증가했습니다. 무력 분쟁으로 인한 빈곤, 기후 변화로 인한 극심한 가뭄 때문에 양귀비 재배와 아편 생산 및 거래에 대한 농민들의 의존도가 높아졌습니다. 심지어 가뭄이 잦아지자 과일나무를 베어 내고 대신에 척박한 환경에서도 잘 자라는 양귀비를 심는 농부들도 생겼습니다. 2022년 봄 탈레반 정권은 국제 사회의 비난을 피하기 위해 양귀비 재배를 금지했습니다. 그러자 농민들이 반발했습니다. 당장 대체 작물도 없고 국제 사회의 지원이 감소한 데다 경제난, 가뭄 등으로 생활고를 해결할 방법이 없었기 때문입니다. 그래서 정부의 금지에도 농민들은 계속 양귀비를 재배했습니다. 유엔 마약범죄국은 2022년의 양귀비 재배 면적이

2021년에 비해 32퍼센트나 늘었다고 밝혔습니다.

아프간전쟁 종식 1년 후인 2022년 8월 기준 아프가니스탄의 경제 상황은 전쟁 때보다 훨씬 나빠졌습니다. 가장 큰 이유는 재집권한 탈레반 정권에 대한 국제 사회의 불신으로 해외 원조가 끊겼기 때문입니다. 전쟁 종식 후 80억 달러의 해외 원조가 끊겼는데 이것은 아프가니스탄 국내총생산(GDP)의 40퍼센트에 가까운 규모였습니다. 아프가니스탄의 경제 규모는 종전 1년 만에 30퍼센트나 줄었고, 아프가니스탄 사람들은 이전보다 굶주림과 질병에 취약한 상태가 됐습니다. 아프가니스탄 사람들은 전쟁보다 무서운 빈곤과 계속 싸우고 있습니다.

4

국제전이 된 내전
시리아 무력 분쟁

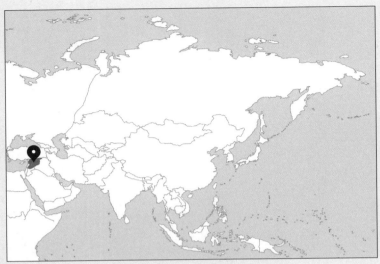

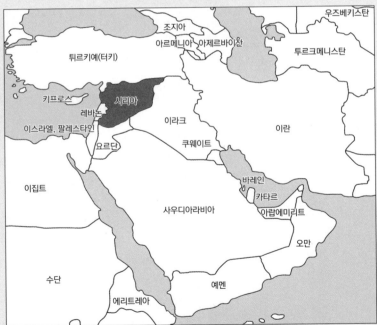

우즈베키스탄

조지아

아르메니아 아제르바이잔

튀르키예(터키)

투르크메니스탄

키프로스

시리아

레바논

이스라엘, 팔레스타인

요르단

이라크

쿠웨이트

이란

바레인

카타르

아랍에미리트

이집트

사우디아라비아

오만

수단

예멘

에리트레아

아시아 지도 ©greenblog.co.kr

세 살 아이의 죽음과 시리아 난민

2015년 9월 2일, 세계는 한 장의 사진을 보고 슬픔에 잠겼습니다. 터키(현재 튀르키예)◆의 한 해변에 엎어진 채 죽어 있는 아이의 사진이었습니다. 한 터키 경찰이 시신을 조심스럽게 옮기는 모습은 그 아이가 얼마나 작고 여린지를 보여 줬습니다. 죽은 아이는 세 살의 알란 쿠르디였습니다. 쿠르디는 시리아에서 태어났습니다. 그의 가족은 시리아 내전 후 여러 도시로 피란을 다니다가 터키로 가 난민이 됐습니다. 이후에 시리아로 돌아갔지만 전쟁이 계속돼 다시 터키로 갔습니다. 쿠르디의 가족은 시리아

◆ 2022년 6월 2일 유엔의 승인으로 터키의 국명은 공식적으로 튀르키예로 변경됐다. 이 책에서는 그 이전에는 터키로, 그 이후에는 튀르키예로 표기한다.

로 돌아가는 것을 포기하고 친척이 있는 캐나다로 가기로 했습니다. 그러나 터키를 떠날 수가 없었습니다. 캐나다 정부에 망명 신청을 했는데 서류가 충분하지 않다며 거부됐기 때문입니다. 결국 쿠르디의 가족은 배로 30분 정도 걸리는 그리스의 한 섬으로 가기로 했고 불법으로 운행되는 작은 고무보트에 몸을 실었습니다. 그러나 배는 출발 5분 후에 뒤집혔습니다. 6명이 탈 수 있는 작은 배에 16명이 탔으니 예견된 사고였습니다. 쿠르디는 물론 다섯 살 형과 엄마도 사망했고 아빠만 살았습니다. 이 사고로 쿠르디 가족을 포함해 12명이 사망했습니다.

쿠르디 사망 사건은 이른바 '난민 위기'라 불린 2015년의 유럽 상황을 잘 말해 주었습니다. 2015년에만 130만 명이 넘는 난민이 유럽 국가들에 망명 신청을 했는데 이것은 제2차 세계대전 이후 가장 많은 숫자였습니다. 그중 대부분이 시리아 사람이었습니다. 2015년 이전에는 유럽으로 가는 난민 대부분이 지중해를 건너 이탈리아로 들어갔습니다. 그러나 2015년부터는 터키에서 그리스로, 그리고 유럽의 남동부에 있는 발칸반도의 국가들을 거쳐 유럽으로 들어가는 난민이 많아졌습니다. 경로가 다양해지고 난민이 급증했습니다. 그러자 유럽 국가에서는 난민 수용에 반대하는 여론이 높아졌습니다. 난민에 대한 노골적인 혐오와 반대 시위가 곳곳에서 생겼습니다. 발칸반도에서 서유럽으로 가는 길목에 있는 헝가리는 국경을 봉쇄하기도 했습니다. 헝가리에서도 난민 혐오의 정서가 높았습니다. 한 헝가리 기자는 7살 아들을 안고 난민 입국을 막는 경찰을 피하려는 시리아 난민에게 발길질을 해 넘어뜨리기도 했습니다. 이 영상을 보고 전 세계 사람들이 분노했습니다.

세계의 언론은 '난민 위기'라고 했지만 시리아 난민의 입장에서는 '생존 위기'였습니다. 그들은 끝날 기미가 없는 내전 때문에 할 수 없이 시리아를 떠났고 가까운 나라와 유럽에서 안전한 곳을 찾아야 했습니다. 쿠르디의 가족처럼 시리아로 돌아갔다가 생존을 위해 다시 떠난 사람들도 있었습니다. 헝가리 기자로부터 발길질을 당한 사람은 시리아 프로축구팀의 트레이너였습니다. 그 역시 하루 3~4회씩 폭격이 계속되는 상황에서 살기 위해 시리아를 떠나야 했습니다. 가족 중 아내와 두 자녀는 터키로 떠났고, 자신과 막내아들은 독일에서 둘째 아들을 만나기 위해 헝가리 국경을 넘으려고 했던 겁니다.

시리아는 전 세계에서 가장 많은 난민을 배출했습니다. 유엔난민기구(UNHCR) 보고서에 의하면, 2022년 말 기준 시리아 난민 수는 약 650만 명입니다. 타국에서 난민으로 사는 사람들 외에 시리아 국내에서 이주민이 된 사람도 690만 명이나 됐습니다. 시리아 난민의 약 91퍼센트는 이웃 국가인 튀르키예, 레바논, 요르단에 머물고 있었습니다. 튀르키예에는 시리아 난민의 63.6퍼센트인 약 335만 명이, 그리고 레바논에는 15.3퍼센트인

평화의 눈으로 본
세계의 무력 분쟁

요르단에 있는 시리아 난민을 위한 자아트리 캠프(2013년 7월). ⓒ미 국무부

약 80만 명, 요르단에는 12.5퍼센트인 약 66만 명의 시리아 난민이 거주하고 있었습니다.

그런데 이것은 등록된 난민의 숫자고 등록되지 않은 사람까지 합치면 숫자는 거의 2배가 됩니다. 2022년 말 기준으로 유럽 국가들에는 약 100만 명의 시리아 난민이 있는데 그중 약 66퍼센트는 독일에, 약 11퍼센트는 스웨덴에 머물고 있습니다. 독일은 시리아의 이웃이 아닌 국가 중 가장 많은 시리아 난민을 수용한 국가입니다.

2015년 유럽에서 난민 반대 여론이 높아졌을 때 독일은 적극적으로 시리아 난민을 받아들였습니다. 독일 내에서도 반대 시위가 있었습니다. 난민 증가가 독일의 일상과 문화에 부정적 영향을 미칠 것이라는 우려와 이슬람 신앙에 대한 거부감 때문이었습니다. 그러나 대다수 독일인은 난민을 환영했습니다. 당시 총리였던 앙겔라 메르켈은 이 공로로 2022년 10월 유엔난민기구로부터 난센 난민상(Nansen Refugee Award)을 수상했습니다. 이 상은 난민이나 강제 이주 피해자들을 위해 헌신적으로 일한 개인이나 단체에 수여되는 상입니다. 그녀는 "이 상을 난민들을 도운 독일인들에게 바친다."고 했습니다.

시리아 난민이 많아진 건 2011년 시작된 내전 때문입니다. 그후 시리아 난민은 계속 늘었고 2023년 7월 현재까지도 거의 줄지 않고 있습니다. 특정 지역에서 전투가 심해질 때마다 새로운 이주민과 난민이 생겼습니다. 내전 때문에 피신한 사람 중 약 80 퍼센트는 여성과 어린이였습니다. 시리아 난민들은 세계 130개 국에 머물고 있지만 대부분은 이웃 국가들에 머물고 있습니다. 난민 중 약 5퍼센트만이 난민 캠프에서 살고 있습니다. 시리아 난민 중 약 70퍼센트는 빈곤 상태이고 자녀 교육과 구직 등에 어려움을 겪고 있습니다. 정치적 불안과 계속되는 내전으로 고향으로 돌아갈 희망은 여전히 희박한 상황입니다.

시리아 내전의 시작

시리아는 중동 지역에 있는 국가로 북쪽으로는 튀르키예, 동쪽으로는 이라크, 그리고 남쪽으로는 요르단과 국경을 이루고 있습니다. 서쪽으로는 레바논, 이스라엘과 국경을 이루고 지중해에도 닿아 있습니다. 시리아의 정식 명칭은 시리아 아랍 공화국(Syrian Arab Republic)이고 다양한 민족과 종교 집단으로 구성되어 있습니다. 하지만 인구 중 75퍼센트가 아랍 민족이고 87퍼센트가 이슬람 신앙을 가지고 있어서 다른 중동 국가들처럼 아랍 민족의 이슬람 국가로 여겨지기도 합니다. 대통령인 바샤르 알-아사드(Bashar al-Assad)는 2000년 이후 계속 집권하고 있습니다. 그는 1971년에서 2000년까지 통치했던 아버지 하페즈 알-아사드(Hafez al-Assad)가 사망하자 정권을 이어받았습니다. 하페즈 알-아사드는 1963년과 1966년에 쿠데타에 참여했고 1970년에는 직접 쿠데타를 일으켜 정권을 잡고 스스로 대통령이 됐습니다.

시리아는 겉으로는 민주주의 체제이지만 사실은 알-아사드 가문이 장기 집권하고 있는 독재 체제입니다. 현재 대통령인 바샤르 알-아사드는 2000년과 2007년 선거에서 97퍼센트를 넘게 득표해 대통령이 됐습니다. 아버지 때부터 가족 통치를 정당화하는 정책을 실행했고 그것이 아들 대에도 효과를 냈습니다. 2014년에는 내전으로 정부가 장악한 지역에서만 선거가 치러졌는데 이때도 바샤르 알-아사드는 88.7퍼센트의 표를 얻었습니다. 2021년에는 95퍼센트의 지지를 얻어 다시 대통령이 됐습니다. 하페즈 알-아사드는 민간인과 정치범 사형, 언론과 표현의 자유 통제 등 많은 인권 침해 범죄를 저질렀고, 바샤르 알-아사드는 시리아 내전 동안 민간인을 무차별 살해하는 전쟁 범죄를 저질렀습니다.

시리아에서는 2011년부터 2023년 중반인 현재까지 내전이 계속되고 있습니다. 내전의 단초가 된 건 2011년 3월에 있었던 대규모 시위였습니다. 당시 중동 지역의 아랍 국가들에서는 아랍의 봄(Arab Spring) 시위가 번지고 있었습니다. 아랍의 봄은 2011년 1월 튀니지에서 정치 부패와 경제 문제에 대한 반정부

폭력 반대와 평화를 나타내는 팻말과 시리아 국기를 들고 다마스쿠스 근교의 두마에 모여 시위를 벌이는 사람들(2011년 4월 8일). ⓒ샴스

저항으로 시작됐고 리비아, 이집트, 예멘, 바레인, 시리아 등의 아랍 국가로 번졌습니다. 시리아에서는 남부 도시 다라(Daraa)의 젊은이들이 반정부 그라피티를 그리면서 시작됐습니다. 보안군은 이들을 체포해 고문하고 약 100명을 살해했습니다. 그러자 수감자 석방과 정권 교체를 요구하는 시위가 우후죽순으로 생겼고 3월 말에는 전국으로 번졌습니다.

시위자들은 민주적 개혁, 정치범 석방, 자유 증진, 부패 중단 등을 요구했습니다. 또한 비상사태의 해제도 요구했습니다. 1963년 쿠데타로 집권한 바스당(Baath Party)이 선포한 비상사태가 50년 가까이 유지되고 있었습니다. 비상사태는 인권 탄압과 공포정치를 정당화하는 도구였고 그로 인해 반정부 인사와 시위자에 대한 무차별 체포와 구금, 억압과 탄압이 이뤄졌습니다. 정부가 시위를 누그러뜨리려고 4월에 비상사태를 해제했지만 시위는 중단되지 않았습니다. 보안군은 중부의 홈스(Homs), 남부의 다마스쿠스(Damascus)와 다라 등 여러 도시에서 시위를 무력 진압했습니다. 2011년 5월 말까지 약 1,000명의 민간인, 150여 명의 군인과 경찰이 사망했고 학생, 활동가, 인권운동가 등 수천 명이 수감됐습니다.

2011년 7월에 반정부 인사들은 정부의 강경 진압과 학살에 대응해 자유시리아군대(Free Syrian Army: FSA)라는 반정부 무장 집단을 만들었습니다. 이들의 목표는 시위자들을 보호하고 정권을 교체하는 것이었습니다. 이때부터 정부군과 반정부 무장 집단, 다시 말해 반군 사이에 무력 충돌이 시작됐습니다. 2012년 초 당시 유엔 사무총장이던 코피 아난은 두 세력 사이의 평화협상을 주선했습니다. 그러나 협상 중에도 전투는 계속했고 정부는 반군에게 헬기를 이용해 공격을 가하기도 했습니다. 결국 유엔이 주선한 평화협상은 실패로 끝났습니다.

2012년 5월 25일에 홈스주 훌라(Houla) 지역의 한 마을에서 일어난 학살은 상황을 악화시켰습니다. 정부군은 이곳에서 108명의 민간인을 학살했는데 그중 34명은 여성이고 49명은 어린이였습니다. 6월 6일에는 중부 하마(Hama)주의 한 마을을 폭격해 민간인 78명을 학살했습니다. 반군의 저항은 강해졌고 북부 지역의 주요 도시들을 장악했습니다. 거기에는 시리아 최대 도시인 알레포(Aleppo)도 포함됐습니다. 알-아사드 대통령은 무장 집단 소탕을 선언했습니다. 2012년 6월 12일 유엔은 공식적으로 시리아가 내전 상태임을 선언했습니다. 유엔은 두 건의 학살에 대한 현장 조사를 시도했지만 정부군의 저지로 실패했습니다.

2012년 중반부터 반군은 점령 지역을 확대했고 2013년 3월까지 남부, 동부, 북부 지역을 장악했습니다. 2013년 4월부터는 정부군이 이 지역들을 탈환하기 시작했습니다. 그러던 중 정부군은 다시 동부의 한 해안 마을에서 약 100명의 민간인을 학살했습니다. 처참한 모습으로 사망한 어린이들의 모습에 전 세계가 분노했습니다. 2013년 말까지 정부군과 반군은 새로운 지역을 탈환하고 장악하는 것을 반복했습니다.

정부군과 반군 사이 싸움이 계속되는 가운데 시리아 북부 지역에서는 IS가 등장했습니다. IS는 1999년에 조직된 극단적인 이슬람 무장 집단으로 2003년 미국의 이라크 침공 후에는 알 카에다와 동맹을 선언하기도 했습니다. 2014년 6월에는 이라크 북부의 모술을 장악하고 스스로를 이슬람국가(Islamic State)로 불렀습니다. IS는 시리아 북부 지역으로 세력을 확장했습니다. IS의 목표는 시리아 내전과 상관없이 자기 영역을 확장하는 것이었습니다. 2015년 말에는 시리아 동부에서 이라크 서부까지를 장악했고 한때는 시리아 영토의 거의 3분의 1을 차지하기도 했습니다. 시리아 정부군과 반군은 서로 싸우면서 한편으로 IS와도 싸웠습니다. IS의 공격과 세력 확대는 내전과는 직접적인 관련이 없었지만 IS의 등장은 시리아에 대한 미국과 러시아의 개입을 불러왔고 내전을 복잡하게 만들었습니다. 2019년 3월 IS는 미국, 러시아, 시리아, 터키, 그리고 시리아 내 무장 집단들의 공격으로 장악했던 지역을 모두 잃었습니다. 그런데 IS는 영토가 아닌 세계 곳곳의 근거지를 중심으로 활동하는 비국가 무장 집단이고 지금도 시리아 내에 존재하고 있습니다.

반군 장악 지역이 확대되자 시리아 정부는 그동안 무기 지원만 했던 러시아에 군사적 개입을 요청했습니다. 러시아는 2015년 9월 30일 대규모 공습을 시작으로 시리아 내전에 개입했습니다. 이로써 시리아 정부는 내전 직후부터 군사적 지원을 했던 이란과 함께 러시아의 확실한 지원도 받게 됐습니다. 러시아의 일차적 명분은 IS를 소탕하는 것이었지만 사실은 반군 소탕이 주요 목적이었습니다. 러시아는 반군 장악 지역을 무차별로 공습했고 시리아 정부는 점차 반군이 장악한 지역을 탈환했습니다.

한편 2016년 2월 26일 유엔 안전보장이사회는 미국과 러시아가 합의한 시리아 내전 휴전안을 승인했고 2월 27일 0시부터 휴전이 시작됐습니다. 그러나 휴전은 오래가지 않았습니다. 6월 초에는 거의 무효가 됐고 전투는 더 격렬해졌습니다. 그 후에도 몇 차례 휴전 시도가 있었지만 모두 실패했습니다. 휴전은 최소한의 상호 신뢰가 있고 싸우는 것보다 휴전이 낫다는 판단이 있어야 유지되는데 시리아 정부도 반군도 그렇게 생각하지 않았던 겁니다.

2016년 12월에 정부군은 시리아 최대 도시인 알레포를 포함해 주요 도시들을 탈환했습니다. 2017년과 2018년에도 정부군은 주요 전략 도시들과 처음 시위가 일어났던 다라를 탈환했습니다. 한편 시리아 정부는 2018년 4월 7일 남부 도시 두마(Douma)에 독가스를 이용한 화학무기 공격을 했습니다. 약 70명이 사망하고 500여 명이 부상을 당했습니다. 유엔은 시리아 정부를 규탄했고 시리아 정부는 화학무기의 사용을 부인했습니다. 4월 14일 미국, 영국, 프랑스는 화학무기 사용에 대한 보복으로 시리아에 미사일 공격을 가했습니다. 두마 공격 이후 시리아 정부는 5년 동안 반군이 장악했던 두마를 포함한 주변 도시들을 탈환했습니다.

2018년 7월까지 시리아 정부는 반군으로부터 남부와 서부의 거의 모든 지역을 탈환했습니다. 반군은 안전한 탈출 보장에 대한 대가로 점령지들을 내주고 서부의 이들리브(Idlib)주로 철수했습니다. 2018년 10월에는 정부군의 공격과 전투를 막기 위해 이들리브주 주변에 완충지대가 설정됐습니다. 2023년 중반인 현재도 반군은 이들리브주만 장악하고 있습니다. 2019년 이후 대규모 전투는 없었고 내전은 소강상태에 접어들었습니다. 그러나 정부군과 반군, 그리고 시리아 내전에 발을 들여놓은 여러 무장 집단과 국가 사이의 무력 충돌은 계속됐습니다.

국제전이 된 시리아 내전

시리아 내전은 여러 국가가 개입된 국제전으로 확대됐습니다. 거기에는 여러 이유가 있었습니다. 첫째는 시리아 내전이 여러 국가가 대립하고 서로 견제하는 중동 지역 국가에서 생겼기 때문입니다. 시리아와 관계가 좋은 국가들, 그렇지 않은 국가들 모두 시리아의 상황을 주시하면서 자국의 이익을 지키려고 했습니다. 둘째는 시리아 내전 중간에 IS라는 무장 집단이 세력을 확대해 시리아 영토의 일부를 장악하고 민간인을 납치해 참수 같은 극악무도한 방식으로 살해하면서 국제 사회의 분노를 샀기 때문입니다. 그 결과 테러와의 전쟁을 내세워 미국이, 그리고 시리아 정부의 요청으로 러시아가 군사적으로 개입했습니다. 영국과 프랑스도 미국의 IS 공격에 동참했습니다. 셋째로 미국과 러시아 같은 강대국들이 시리아 내전을 계기로 전략적으로 중요한 중동 지역에서 영향력을 키우려고 했기 때문입니다. 또한 카타르, 사우디아라비아, 요르단 등 중동 국가들은 안전과 영향력을 담보하기 위해 미국의 군사 작전에 적극 협력했고 반군을 지원했습니다. 이들 국가는 각자의 목표를 위해 시리아 내전에 적극 대응했습니다. 마지막으로 시리아 내전으로 인도주의적 재난 상황이 발생했고 시리아 정부의 전쟁 범죄가 국제적인 문제가 됐기 때문입니다. 이런 이유로 미국, 영국, 프랑스 등은 시리아 정부를 규탄하고 반군을 지원했습니다.

시리아 내전 직후부터 시리아 정부를 지원하고 적극적으로 개입한 국가는 이란이었습니다. 시리아의 전략적 동맹국인 이란은 시리아군의 훈련, 자문관 파견, 기술과 재정 지원 등을 했습니다. 시리아의 안위가 지역의 안정은 물론 자국의 이익을 위해서도 중요하다고 판단했기 때문입니다. 이란은 직접 시리아 내전에 참여한 레바논 무장 집단인 헤즈볼라도 지원했습니다. 또한 아프가니스탄, 레바논, 이라크, 예멘, 파키스탄 등에서 병사들을 모집해 자국이 지원하는 무장 집단에 보내 시리아 반군과 싸우게 했습니다. 이란의 목표는 알-아사드 정권을 유지하는 것이었고 이란의 지원은 시리아 정부가 반군을 물리치는 데 큰 역할을 했습니다.

이란의 군사적 개입과 적극적인 지원은 이스라엘을 자극했습니다. 시리아와 국경이 닿아 있는 이스라엘은 시리아에 대한 이란의 군사적 지원이 자국의 안전을 위협한다고 생각했습니다.

2013년부터 이스라엘은 이란이 지원하는 시리아 내 무장 집단과 헤즈볼라를 공격했고 이란 무기를 운반하는 시리아 차량에도 공습을 가했습니다. 이스라엘 공군은 2017~2018년 사이에만 200번 넘게 무기 운반 차량을 공습했다고 밝혔습니다. 이스라엘의 공격은 시리아 내전이 소강상태에 접어든 이후에도 계속됐습니다. 무기 운반을 이유로 시리아 공항을 공격하기도 했습니다. 시리아 내 이란과 헤즈볼라의 군사 시설에 대한 이스라엘의 공격은 결국 시리아에 대한 공격이었고 이란과 이스라엘의 싸움은 결국 시리아와 이스라엘의 싸움이 됐습니다. 2022년 9월에도 이스라엘은 이란으로부터의 무기 공수를 막기 위해 시리아의 다마스쿠스 국제공항을 공습했습니다. 이란의 시리아 내전 지원이 계속되는 상황에서 시리아 내에서 이란과 이스라엘이 싸우는 상황 또한 계속됐습니다.

미국은 IS 소탕이라는 명분을 내세우며 2014년 9월 23일 IS에 대한 공습을 시작했습니다. IS의 위협에 노출된 바레인, 사우디아라비아, 아랍에미리트연합, 카타르, 요르단 등이 미국의 공습 작전에 동참했습니다. 미국은 시리아 내전에는 직접적으로 관여하지 않는 것처럼 보였습니다. 그러나 실상은 그렇지 않았습니다. 미국은 표면적으로는 반군에게 정보와 비살상 무기만을 지원했지만 뒤로는 정보기관인 CIA를 통해 반군을 훈련하고 무장시켰습니다. 2015년 9월 러시아가 시리아 내전에 개입한 이후에는 노골적으로 반군 지원을 표명했습니다. 2016년 이후에는 IS나 알 카에다 외에도 시리아 정부군, 이란의 지원을 받는 무장 집단, 러시아 용병대 등을 공격했습니다. 시리아 내전에 적극적으로 개입했던 겁니다. 미국은 애초 IS 소탕을 위해 시리아 영토를 공격했는데 그것은 결국 시리아 내전에 발을 들여놓는 명분이 됐습니다. 미국은 2019년 소규모 군대만을 남기고 지역에서 철수했으나 시리아 내전에서 완전히 발을 뺀 건 아니었습니다.

러시아는 1956년부터 시리아의 군사 동맹이었습니다. 시리아 내전이 시작되자 러시아는 무기, 군사·기술 자문 등을 제공하면서 시리아 정부를 지원했습니다. 내전이 격렬해지고 반군 장악 지역이 확대되자 러시아는 최신 무기, 정찰 장비와 레이다, 전자 전투 장비 등 한층 발전된 무기를 지원했습니다. 마침내 2015년 9월 30일 러시아는 시리아의 요청에 따라 IS에 대한 대대적인 공습을 시작으로 시리아 내전에 직접 발을 들여놓았습니다. 하지만 더 중요한 목표는 반군 소탕이었습니다. 러시아의 대대적인 공습으로 시리아 정부는 2016년 3월에 IS로부터 시리아 중앙에 있는 팔미라(Palmyra)를 탈환했고, 12월에는 반군으로부터 시리아 최대 도시인 알레포를 탈환했습니다.

명분상 미국과 러시아는 IS 소탕이라는 공동의 목표를 가지고 있었기 때문에 협력할 수 있는 상황이었습니다. 그러나 미국은 협력 가능성을 배제했고 러시아 또한 그랬습니다. 미국은 반군을, 러시아는 시리아 정부를 지원하면서 대결했습니다. 시리아 정부와 반군은 내전을 하면서 다른 한편으로는 미국과 러시아의 대리전을 치렀습니다.

터키는 내전이 일어나기 전까지 시리아와 좋은 관계를 유지했습니다. 그러나 시리아 정부에 대항하는 반군이 결성되고 난 후엔 시리아 반정부 인사들과 반군에게 활동 근거지와 무기를 제공했습니다. 2012년 6월 시리아-터키 국경에서 시리아군이 터키 전투기를 추락시킨 이후에 양국의 관계는 급속도로 악화됐습니다. 터키는 반군을 더 적극적으로 지원했습니다. IS가 영역을 확대하고 2014년 9월 미국의 개입, 2015년 9월 러시아의 개입으로 IS와 미국, 러시아, 시리아, 반군 등과의 전투가 많아지면서 포탄이 터키로 넘어오거나 난민이 유입되는 상황이 생겼습니다. 2016년 8월 터키군은 IS 공격과 반군 지원을 목표로 시리아 북부에 진격했고 그 후 자주 국경을 넘어 군사 작전을 펼쳤습니다. IS의 확장과 시리아 내전이 터키에 미치는 영향을 저지하기 위해서였습니다.

그런데 터키의 또 다른 중요한 목적은 시리아 북부의 쿠르드

◆ 북부 쿠르드족 무장 집단은 터키에서 쿠르드족의 권리를 위해 무장 투쟁을 해 온 쿠르드노동자당(PKK)의 영향을 받아 설립됐다. 쿠르드족의 자치권을 획득하기 위해 시리아 내전 동안 다른 무장 집단들과 함께 시리아 정부군과 싸웠고 미국의 IS 소탕 작전에도 참여했다.

평화의 눈으로 본
세계의 무력 분쟁

족 무장 집단◆을 소탕하는 것이었습니다. 이 때문에 터키는 시리아 북부에서 쿠르드족 무장 집단과 전투를 벌였습니다. 터키는 쿠르드족 무장 집단이 자국 내 쿠르드족의 독립 투쟁을 부추긴다며 공격을 합리화했습니다. 이로 인해 터키는 IS 소탕을 위해 쿠르드족 무장 집단을 군사적으로 지원했던 미국과 불화를 겪기도 했습니다. 2019년 10월 6일에 미군이 철수를 결정하자 10월 9일 터키 공군은 쿠르드족 무장 집단이 장악한 지역에 대대적인 공습을 가했습니다. 이로 인해 30만 명의 이주민이 발생했고 시리아 민간인 70명, 터키 민간인 20명 이상이 사망했습니다.

만연한 전쟁 범죄

시리아의 인권과 내전 상황을 감시하는 인권 단체인 시리아인권관측소(Syrian Observatory for Human Rights: SOHR)는 2011년 3월부터 2019년 3월까지 8년 동안 시리아 내전으로 57만 명 이상이 사망했다고 밝혔습니다. 여기에는 시리아 정부군과 반군은 물론 시리아 곳곳에서 충돌한 여러 무장 집단의 병사들도 포함됐습니다. 민간인 사망자는 11만 2,623명이고 그중 어린이는 2만 1,065명이었습니다. 57만 명에는 시리아군과 경찰에 체포된 후 고문을 받다 숨진 약 8만 8,000명은 포함되지 않았습니다. 시리아군, 반군, IS 등에 의해 납치됐거나 체포된 후 행방을 알 수 없는 1만 명 이상도 포함되지 않았습니다. 그런데 이 숫자는 정확하지 않습니다. 단체가 밝힌 것처럼 최선을 다해 사망자를 집계했지만 무장 집단들이 숫자를 정확히 공개하지도 않았고 오지에 있는 민간인 사망자들을 확인할 수도 없었기 때문입니다.

2022년 6월 28일 유엔 인권고등판무관실은 보고서를 내고 2011년 3월 1일부터 2021년 3월 31일까지 10년 동안의 시리아 내전으로 30만 6,887명의 민간인이 사망했다고 밝혔습니다. 그동안 집계된 민간인 사망자 숫자 중 가장 많고 SOHR이 밝힌 숫자와도 차이가 큽니다. 물론 SOHR이 내놓은 통계 기간보다 2년이 길긴 하지만 2019년 이후 2년 동안은 시리아 내전이 소강상태에 접어들었던 때라 그 이전보다 사망자가 상대적으로 적었습니다. 보고서는 이 숫자가 2022년 3월까지 개별적으로 기록된 14만 3,350명의 민간인 사망자 정보에 빠진 것들을 새로운 통계 기술을 적용해 계산한 결과로 얻어진 것이라고 밝혔습니다. 또 이 사망자 수는 내전이 사망의 직접적 원인인 경우만 집계한 것이며 내전의 영향을 받은 보건 서비스, 식량, 식수 부족 등으로 인한 사망은 포함되지 않았다고 했습니다. 이는 10년 동안 매일 민간인 83명이 사망했고, 시리아 인구 중 약 1.5퍼센트가 내전으로 사망했음을 의미했습니다.

민간인 사망자가 많았던 이유는 시리아군과 반군 사이의 무력 충돌 외에도 여러 무장 집단들의 충돌이 있었기 때문입니다. 새로운 반정부 무장 집단도 속속 등장했습니다. 이들이 새로운 지역을 장악하기 위해 싸울 때마다 그 지역에 사는 민간인들이 피해를 입었습니다. 또한 여러 국가가 IS를 소탕한다는 명분으로 대규모 공습을 가했기 때문입니다. 평범한 사람들은 특정 무장 집단을 지지해서가 아니라 살던 곳을 특정 무장 집단이 장악했기 때문에, 또는 특정 무장 집단이 있다는 이유로 공습을 당해 피해를 입었습니다. 누구도 그들을 보호해 주지 않았습니다. 시리아군, 반군, IS, 그 외 여러 무장 집단, 그리고 미국, 러시아, 터키 등 모두가 많은 사람의 생명과 안전을 희생시키며 자기의 이익을 좇았습니다.

시리아 내전 중 주목할 만한 피해를 낸 건 러시아의 공습이었습니다. SOHR은 2015년 9월 러시아가 공습을 시작한 이후 2022년 9월 말까지 약 2만 1,000명이 사망했고 그중 민간인 사망자는 8,697명이었다고 밝혔습니다. 그러나 러시아 공습을 모니터링한 다른 시민단체는 지역 주민들의 주장에 근거해 2021년 9월 말까지 2만 3,936명의 민간인이 사망했다고 했습니다. 어떤 통계도 정확하다고 할 수 없지만 러시아의 공습이 많은 민간인 사망자를 낸 건 명확한 사실입니다. 집계가 되지 않았지만 부상자는 사망자의 몇 배였을 것으로 쉽게 짐작할 수 있습니다.

2018년 3월 유엔은 보고서를 통해 시리아 내전 동안 자행된 전쟁 범죄를 밝혔습니다. 한 사례로 2017년 11월 러시아가 시장을 공습해 84명이 사망하고 150명 이상이 부상을 당했다고 했습니다. 유엔은 미군과 연합군 공습이 낳은 민간인 피해 사례도 언급했습니다. 2017년 3월 미국이 이끄는 연합군이 IS를 소탕한다며 시리아 북부 라까(Raqqa) 인근의 학교를 공습해 150명의 주민이 사망했다고 밝혔습니다. 민간인 피해는 없었고 수십 명의 무장 집단 병사들만 사망했다고 한 미국 국방성의 주장과는 달랐습니다. 이것은 보호해야 할 민간인에게 무차별 공습을 가한 전쟁 범죄의 대표적인 사례입니다.

시리아 내전 동안 있었던 가장 끔찍한 전쟁 범죄 중 하나는 화학무기의 사용이었습니다. 화학무기는 사린 같은 독가스를 사용하는 무기로 시리아 정부는 공중 폭탄이나 미사일을 이용해 화학무기를 살포했습니다. 화학무기의 공격을 받으면 몸의 경련, 입가의 거품, 흐릿한 시각, 호흡 곤란 등의 문제가 일어납니다. 어른보다 몸이 작은 어린이에게 더 치명적입니다. 2013년 8월 시리아 정부는 반군이 장악하고 있는 다마스쿠스 근처의 구타(Ghouta)에 사린 가스를 장착한 로켓포 공격을 가했습니다. 이 공격으로 1,000명 이상이 사망했습니다. 이것은 1980년대 이란-이라크 전쟁 때의 사례 이후 최악의 화학무기 공격이었습니다. 2017년 4월에는 북부 이들리브주에 대한 화학무기 공격으로 수십 명이 사망했습니다. 2018년 4월에는 다마스쿠스에서 가까운 두마에 화학무기 공격이 있었고 이때도 약 70명이 사망하고 500명 이상이 부상을 입었습니다. 의료진들은 염소와 사린 가스가 사용됐다고 말했습니다. 2013년 8월부터 2018년 2월까지 시리아 정부는 85차례나 화학무기를 사용했습니다.

시리아 내전 동안에 전쟁 범죄는 일상이 됐습니다. 2020년 7월 유엔은 시리아 내전에 관여된 모든 집단과 국가가 민간인을 보호하지 않고 학살, 고문, 무차별 폭격 등 전쟁 범죄를 저질렀다고 했습니다. 시리아군과 러시아군은 민간인 마을과 도시를 공격했고 병원, 학교, 시장, 주택 등을 파괴했습니다. 보호해야 할 민간인과 민간인 거주 지역에 대한 무차별적이고 의도적인 공격은 모두 전쟁 범죄에 해당합니다. 유엔 조사관들은 "어린이들은 학교에서, 부모들은 시장에서, 그리고 환자들은 병원에서 폭격을 받았다."고 말했습니다. 반군 또한 점령 지역에서 자신들에 반대하는 민간인을 감금하고 고문하고 처형했습니다. 또한 이주민들의 집을 약탈하고, 시리아 정부 통치하에 있는 인구 밀집 지역을 아무런 이유 없이 폭격했습니다. 이외에도 IS, 미국, 터키, 이란, 헤즈볼라 등 모두가 민간인을 보호하지 않고 무차별 폭격하고 학살하는 등 전쟁 범죄를 저질렀습니다.

내전 동안 평범한 사람들은 매일 무차별 공격의 대상이 됐고 그런 속에서 삶을 이어 가야 했습니다. 반군이 장악한 지역은 시리아 정부군에 의해 봉쇄됐고 이곳 사람들은 음식과 의약품이 끊긴 채 살아야 했습니다. 그들은 몇 년 동안 추위와 굶주림을 견뎌야 했고 지뢰를 밟거나 저격수의 총에 맞아 사망했습니다. 이런 상황에서 시리아 사람들은 생존을 위해 고향을 떠나 이주민이 됐고, 시리아를 떠나 난민이 됐습니다. 생존을 장담할 수 없었고 집과 모든 생활 시설이 파괴돼 삶을 이어 갈 수도 없었기 때문입니다.

2023년 중반인 현재에도 시리아 내전이 끝났다고 생각하는 사람은 없습니다. 시리아 정부는 2011년 무장 투쟁을 시작했던 반군과 2019년 8월 휴전 협정을 맺었습니다. 2023년 7월 현재 반군은 서부의 이들리브주만을 장악하고 있었습니다. 그러나 그 안에서도 생각이 다른 무장 집단 사이에 세력 다툼이 벌어졌고 민간인들은 불안한 삶을 살아야 했습니다. 시리아 정부는 러시아군과 함께 주기적으로 이곳을 공격했습니다. 시리아 동북부 지역은 쿠르드족이 장악했고 이곳에서는 여전히 쿠르드족 무장 집단과 IS의 무력 충돌이 계속됐습니다. 북부 지역을 장악하고 있는 튀르키예가 지원하는 무장 집단과 쿠르드족 사이의 무력 충돌도 계속됐습니다. 남부 지역에서는 여러 소규모 무장 집단들과 시리아 정부의 무력 충돌이 이어졌습니다. 2022년 9월에만 시리아 정부가 통치하는 지역에서 133명이 사망했고 그중 69명이 민간인이었습니다. 튀르키예는 국경을 넘어 쿠르드족 무장 집단을 공격했고 이스라엘은 이란의 무기 지원을 막는다며 시리아를 공격했습니다. 시리아 내에서 여러 무장 집단 및 국가 사이 무력 충돌이 계속됐습니다. 2022년 10월 유엔은 시리아 상황 보고서를 통해 여전히 곳곳에서 전투가 계속되고 있고 그로 인해 민간인 사망과 부상이 이어지고 주택, 학교, 병원 등이 파괴되고 있다고 밝혔습니다. 이런 이유로 시리아에서 눈을 떼지 않아야 한다고 강조했습니다.

5

대리전과 인도주의적 재난
예멘 내전

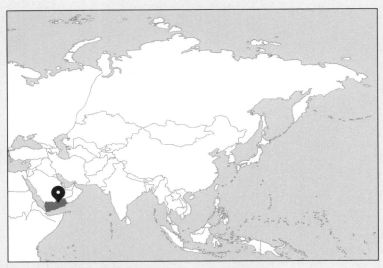

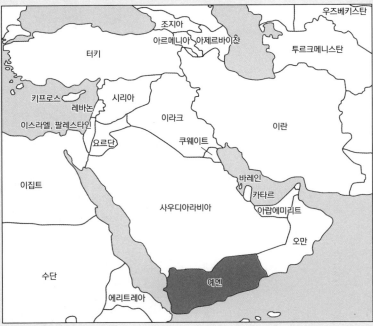

우즈베키스탄
조지아
아르메니아 아제르바이잔
투르크메니스탄
터키
키프로스
레바논
시리아
이스라엘, 팔레스타인
이라크
이란
요르단
쿠웨이트
이집트
바레인
카타르
사우디아라비아
아랍에미리트
오만
수단
예멘
에리트레아

아시아 지도 ©greenblog.co.kr

긴 전쟁, 짧은 휴전

2022년 10월 3일 유엔 예멘 특사는 휴전을 연장하는 데 실패했다고 발표했습니다. 예멘은 2014년 9월 후티(Houthi) 반군이 수도 사나(Sanaa)를 무력으로 점령한 이후 무력 분쟁에 빠져들었습니다. 2015년 3월 예멘 정부를 지원하는 사우디아라비아가 이끄는 아랍연합군이 반군을 공격하면서 본격적으로 내전이 시작됐습니다. 휴전으로 수년 동안 계속됐던 전쟁이 잠시 멈췄는데 싸우는 당사자들이 연장에 합의하지 않아서 내전이 재개됐습니다.

후티 반군과 아랍연합군은 유엔의 중재로 2022년 4월 1일에 휴전에 합의했습니다. 이슬람의 성스러운 달인 라마단♦의 시작과 함께 2개월 동안 휴전을 하기로 했고 다음 날 오후 7시에 휴전이 발효됐습니다. 양측은 예멘 내와 국경 지역에서 모든 육상, 해상, 공중에서의 상호 공격을 중단하기로 했습니다. 또한 서쪽의 후다이다(Hudayda) 항구와 사나 공항에서 지방으로의 연료 및 물품 수송에 합의했습니다. 이로써 예멘으로의 구호 물품 수송도 쉬워지게 됐습니다. 휴전은 이후 2개월씩 두 번 연장됐습니다.

유엔은 휴전 동안 민간인 사망은 60퍼센트, 이주민 발생은 50퍼센트가 줄었다고 밝혔습니다. 휴전으로 예멘 사람들의 삶이 한층 안전해졌던 겁니다. 내전으로 수만 명이 목숨을 잃었으며 경제는 파탄이 났고 수백만 명이 굶주리고 있던 상황에서 휴전은 가뭄에 내린 단비 같았습니다. 그런데 6개월의 짧은 휴전은 7년 이상의 전쟁으로 망가진 경제와 일상을 회복하기에는 턱없이 짧은 시간이었습니다. 내전으로 3,000만 명 이상의 인구 중약 80퍼센트가 국제 구호에 의존하고 있는 상황이었습니다. 이런 상황을 개선하기 위해 유엔은 휴전을 6개월 연장하는 제안을 했는데 당사자들은 받아들이지 않았습니다. 휴전 연장 실패 소식에 사람들은 충격과 절망에 빠졌습니다. 정치와 경제가 회복

◆ 이슬람 달력의 아홉 번째 달로 무하마드가 신으로부터 『코란』의 첫 번째 경전을 받은 날을 기념하는 것이다. 라마단은 29~30일 동안 이어지며 이슬람 신자들은 이 기간 동안 해가 뜰 때부터 해가 질 때까지 금식하고 기도와 성찰을 하며 경건하게 지내야 한다.

평화의 눈으로 본
세계의 무력 분쟁

되고 집으로 돌아가 농사를 짓고 일상을 회복할 수 있을 거란 희망은 물거품이 됐습니다. 다시 연료와 식품을 구하기가 힘들어질 거란 생각에 사람들은 주유소와 식품점으로 몰려갔습니다. 국제 구호 단체들은 수백만 명이 공습, 폭격, 미사일 공격의 위험에 처하게 됐다고 우려했습니다.

예멘은 중동 아라비아반도의 남쪽 끝에 위치한 국가입니다. 북쪽의 사우디아라비아, 동북쪽의 오만과 국경을 이루고 있고, 남동쪽으로 아덴만, 서쪽으로 홍해에 접해 있습니다. 수도는 '사나'이고 인구는 2021년 말 기준 약 3,050만 명입니다. 인구의 80퍼센트 이상이 아랍 민족이고 99퍼센트가 이슬람 신자입니다.

19세기 중반 오토만 제국과 영국에 의해 남북으로 분단됐던 예멘은 1990년 5월 20일 150년 만에 통일이 됐습니다. 북예멘은 1918년 오토만 제국이 떠난 후 독립국이 됐지만 남예멘은 1967년까지 영국의 지배를 받았습니다. 북예멘은 1962년부터 1970년까지 내전을 치른 후 공화국이 됐고, 남예멘은 중동의 유일한 사회주의 국가가 됐습니다. 북예멘과 남예멘 사이에는 1972년과 1979년 두 차례 무력 충돌이 있었고 이때 북예멘은 사우디아라비아로부터, 남예멘은 소련으로부터 지원을 받았습니다. 1980년대에 북예멘과 남예멘 국경 지대에서 유전이 발견됐고 양국은 이를 이용한 경제 개발에 관심을 가졌습니다. 1988년 두 정부는 유전 공동 개발을 위한 긴장 완화와 통일 논의를 시작했습니다. 1989년 양국 정상이 1981년 마련된 통일 헌법 초안에 합의했습니다. 마침내 1990년 5월 22일 통일된 예멘공화국(Republic of Yemen)이 선포됐고 북예멘의 대통령이던 알리 압둘라 살레(Ali Abdullah Saleh)가 통일 예멘의 첫 대통령이 됐습니다. 남예멘의 국가 수반인 알리 살렘 알-바이드(Ali Salem Al-Baidh)는 부통령이 됐습니다.

통일 후의 정치적 과정은 순탄치만은 않았습니다. 남예멘 사람들은 북예멘에 의해 부당한 대우를 받는다고 생각했습니다. 그런 와중에 사우디아라비아가 80만 명이 넘는 예멘 노동자들을 돌려보내면서 해외 송금이 끊기고 경제적 압박이 심해졌습니다. 정치적 불안과 경제적 문제가 겹친 가운데 1994년 남예멘 지도자들은 분리를 선언하고 예멘민주공화국을 선포했습니다. 그 결과 남예멘군과 북예멘군 사이에 무력 충돌이 일어났습니다. 무력 충돌은 몇 개월 만에 북예멘군의 승리로 끝났고 남예멘의 정치 및 군 지도자들은 대부분 망명길에 올랐습니다. 1999년 9월 첫 대통령 직접선거가 치러졌고 살레가 5년 임기의 대통령에 당선됐습니다. 그 후 의회는 헌법 개정을 통해 대통령 임기를 2년 더 늘렸고 의원 임기도 6년으로 늘렸습니다. 그 결과 차기 대선과 총선이 미뤄졌습니다. 한편 부당한 대우를 주장하며 불만이 높았던 남예멘 사람들은 남예멘 분리와 독립국 수립을 주장하는 정치 운동을 벌였습니다. 정치적 혼란은 계속됐습니다.

국제 사회는 통일된 예멘이 정치적 과도기를 잘 통과할 수 있도록 지원했습니다. 그렇지만 정치적, 경제적 불안정이 지속됐고 결국 내전에 휘말리게 됐습니다.

예멘이 우리 사회에 알려지게 된 계기는 난민이었습니다. 2018년 5월 제주도에 입국하는 예멘 난민이 증가했습니다. 처음엔 예멘이라는 국가가 생소해서였는지 관심이 없었는데 그 숫자가 500명 이상이라는 보도에 사람들은 공포와 증오를 드러냈습니다. 6월 13일에는 청와대 국민청원 게시판에 난민법과 난민 신청 허가 폐지 청원이 올라왔고 한 달 만에 무려 74만 4,875명이 참여했습니다. 예멘 난민 수용에 반대하는 집회도 열렸습니다. 반대하는 사람들은 그들이 이슬람 신자이고 '난민'이기 때문에 우리 사회에 해를 입힐 것이라고 주장했습니다.◆ 그들이 먼 낯선 나라까지 온 이유에는 관심이 없어 보였고 알고 싶지도 않은 것 같았습니다. 제주도에 온 예멘 난민 561명 중 549명이 법적 보호를 받고 안정된 생활을 하기 위해 난민 지위를 인정해 달라고 신청했습니다. 그런데 반대하는 여론이 높아서였는지 2명에게만 난민 지위가 인정됐습니다. 412명에게는 인도적 체류, 다시 말해 예멘으로 돌아갈 수 없으니 인도적 차원에서 머무는

◆ 정주진 지음(2019), 『정주진의 평화 특강』, 철수와영희, 66~70쪽.

것만이 허락됐습니다. 이는 그들이 사실상 난민임을 말해 주는 것이었습니다.

예멘 사람들이 제주도까지 온 건 예멘 상황이 그만큼 심각하기 때문이었습니다. 그들은 낯선 곳이라도 내전 중인 예멘보다는 안전할 거라고 생각했을 겁니다. 국제 사회도 예멘의 심각한 상황을 우려했습니다. 2022년 10월 유엔은 예멘이 내전, 경제 봉쇄, 화폐 가치 폭락, 자연재해, 코로나19 등 다중의 인도주의적 재난 상황에 처해 있다고 밝혔습니다.

아랍의 봄과 내전의 시작

통일 후 정치적 혼란과 경제적 불안, 그리고 북예멘과 남예멘 출신 사람들 사이의 불화가 계속됐지만 살레의 장기 집권하에서 변화는 일어나지 않았습니다. 살레는 1978년 북예멘의 대통령이 된 이후 통일 예멘의 대통령까지 맡아 30년 이상 예멘을 통치하고 있었습니다. 이런 상황에서 2010년 12월부터 2011년 사이에 아랍 국가들을 휩쓴 아랍의 봄 시위가 예멘에서도 일어났습니다.

2011년 1월 말 수도 사나와 주요 도시들에서 수천 명이 거리로 나와 시위를 하며 살레의 퇴진을 요구했습니다. 시위자들은 민주주의를 외치면서 심각한 빈곤 문제를 지적하고 정치권의 부패를 비난했습니다. 다른 국가들에서 아랍의 봄 시위가 대체로 조직되지 않고 산발적으로 일어난 것과 다르게 예멘의 시위는 반정부 단체들이 연합해 주도하는 조직적인 시위였습니다. 살레는 소비세 감축과 급료 인상을 단행하고 다음 대선에 나서지 않겠다고 선언했습니다. 그러나 시위자들은 약속을 깬 전력이 있는 그의 말을 믿지 않았고 계속 퇴진을 요구했습니다. 2월 20일에는 수천 명의 대학생이 사나 대학교에 모여 연좌시위를 했고 살레 퇴진 때까지 시위를 계속하겠다고 선언했습니다. 살레는 자신이 당장 사임하면 정치적 혼란이 있을 거라며 거부했습니다. 3월 18일 사복으로 위장한 보안군이 시위대에 총격을 가했고 50명 이상이 사망했습니다. 살레 정부의 많은 인사가 이 사건에 항의하며 사임했습니다. 정부 내에서도 사임 압력이 커졌지만 살레는 계속 거부했고 정국은 혼란에 빠졌습니다. 살레는 수도의 혼란을 막겠다며 지방의 보안군을 수도로 불러들였고 이로 인한 공백은 지방 무장 집단들에게 기회가 됐습니다. 북부 지역에서 오랫동안 활동하던 후티 무장 집단이 세력을 확장했고 알카에다 같은 무장 집단들이 남부 지역에서 세력을 잡았습니다.

2011년 4월 살레는 중동 6개 국가의 연합인 걸프협력위원회(Gulf Cooperation Council)의 중재안에 서명하기로 했습니다. 사임을 하는 대신 자신은 물론 가족과 측근들에게까지 사면을 허

예멘에서 반정부 시위를 벌이는 사람들(2011년 2월). ⓒ살람

락한다는 조건이 받아들여졌기 때문입니다. 시위자들은 이 중재
안을 거부했으나 반정부 단체들은 이를 받아들였습니다. 그러나
살레는 마지막 순간에 서명을 거부했습니다. 5월에도 살레는 서
명을 거부했고 걸프협력위원회는 결국 중재를 중단했습니다. 이
후 살레의 보안군과 반정부 무장 세력들 사이에 무력 충돌이 발
생했고 수십 명이 사망했습니다. 7월에는 대통령궁이 폭탄 공격
을 받았고 살레는 부상을 입었습니다. 그는 치료를 명분으로 사
우디아라비아로 갔고 그의 부재 동안 부통령인 압드 라부 만수
르 하디(Abd Rabbuh Mansur Hadi)가 통치권을 행사했습니다. 국

평화의 눈으로 본
세계의 무력 분쟁

제 사회의 중재로 11월에 살레는 사면을 대가로 마침내 부통령에게 정권을 넘기는 합의에 사인했습니다. 중재안에는 2012년 2월의 대선에 하디가 유일한 후보로 나선다는 내용도 포함됐습니다. 대선은 계획대로 치러졌고 하디는 2012년 2월 25일 대통령에 취임했습니다.

위기를 넘겼고 새로운 대통령이 취임했지만 예멘은 여전히 정치적으로 분단되고 경제적으로 어려운 상황이었습니다. 북부 지역의 후티 반군을 포함해 여러 무장 집단들은 도전적이고 위협적인 존재였습니다. 경제 상황은 아랍의 봄 시위 이전보다 나빠졌습니다. 실업률은 높아졌고 특히 청년층의 실업이 심각했습니다. 전 국민이 식량, 식수, 생필품의 부족을 겪었습니다. 남부 지역에서는 분리주의 정서가 확산했습니다.

하디 정부는 2014년 7월 정부 재정 적자 해소를 위해 연료 보조금을 대폭 삭감했고 이로 인해 대규모 시위가 일어났습니다. 부패와 빈곤 문제에 제대로 대응하지 못하는 정부에 대한 비난이 높아졌습니다. 9월에 정부는 사나의 시위대에게 총격을 가했고 여러 명이 사망했습니다. 이런 가운데 북부의 후티 반군은 2014년 초 사다(Saada)주를 장악했고 계속 영역을 넓혔습니다. 9월에는 마침내 사나를 공격하고 정부 건물들을 장악했습니다. 이틀 동안의 전투 후 후티 반군은 예멘 정부를 자신들이 원하는 사람들로 채웠습니다. 2015년 1월 정부군과 후티 반군 사이에 수도 점령을 두고 다시 무력 충돌이 생겼습니다. 그 결과 후티 반군은 대통령궁을 장악했고 1월 23일 하디 대통령과 총리는 의회에 사임서를 제출했습니다.

후티 반군은 2월 6일 의회를 해산하고 5인 위원회를 통해 과도 정부 구성을 선언했습니다. 2월 15일에 유엔 안전보장이사회는 합법적인 정부를 무너뜨린 후티 반군을 비난하고 전국대화회의(National Dialogue Conference)의 재개를 촉구하는 결의안을 채택했습니다. 전국대화회의는 예멘의 정치 과도기 통치와 관련한 논의를 위해 2013년 3월에 시작해 2014년 1월까지 운영된 기구였습니다.

가택연금◆ 상태였던 하디는 2015년 3월 초 남부의 항구도시 아덴으로 도망가서 자신이 합법적 대통령이라고 주장했습니다. 또한 후티 반군이 수도 사나를 점령하고 있는 동안 아덴이 임시 수도가 될 것이며 사나를 되찾을 것이라고 했습니다. 그는 국제 사회의 군사적 개입을 요청했고 그런 후 오만으로, 다시 사우디아라비아로 피신했습니다. 3월 말 하디의 요청으로 사우디아라비아가 이끄는 아랍연합군이 공습을 시작했고 후티 반군의 아덴으로의 진격을 막았습니다. 덕분에 정부군은 7월에 대부분의 남

◆ 자신이 사는 집 안에서만 신체의 자유를 허락하는 감금 형태이다. 외부와의 접촉은 철저한 감시하에 제한되고, 외출도 허락되지 않는다.

평화의 눈으로 본
세계의 무력 분쟁

부 지역에서 후티 반군을 쫓아냈습니다. 9월 하디는 잠시 아덴으로 돌아왔지만 그 후에도 대부분 사우디아라비아에 머물렀습니다. 아랍연합군의 개입과 대대적인 공습으로 정부군과 반군의 무력 충돌은 본격적인 내전으로 변했고 동시에 아랍 국가들이 개입한 국제전이 시작됐습니다.

후티 반군은 1990년대 북부의 사다에서 정치 운동의 하나로 시작된 후티 운동의 무장 집단입니다. 후티 운동의 주류는 종교적으로는 이슬람 시아파의 한 지류인 자이디즘(Zaydism)을 따르고 민족적으로는 후티족입니다. 후티 운동은 미국과 이스라엘에 적대적이었고 이슬람 승리를 구호로 내세웠습니다. 또한 이슬람 수니파가 다수인 사우디아라비아의 정치적, 경제적 영향을 경계했습니다. 2009년에는 정부군과 싸우는 도중 국경을 넘어 사우디아라비아를 공격하기도 했습니다. 사우디아라비아는 공중 폭격과 지상군 파견으로 대응했습니다.

후티 운동은 경제 개발과 정치 차별의 철폐를 주장했고 후티족 다수 지역의 자주권을 요구했습니다. 정치적 부패 척결도 주장했습니다. 2011년 아랍의 봄 시위 때는 다른 단체들과 함께 거리 시위에 참여했습니다. 2013년 3월에는 정치 개혁을 위해 여러 정치 집단과 청년, 여성을 포함한 다양한 사회 집단이 참여한 전국대화회의에도 참여했습니다. 그러나 하디 대통령의 임기 1년 연장을 거부하고 탈퇴했습니다. 당시 논의되던 연방제 개혁안으로 인해 지역이 나뉘면 자신들의 세력이 약해질까 우려했기 때문이기도 했습니다. 마침내 2014년 9월 사나를 장악하고 정부를 무너뜨렸습니다. 사나를 장악한 후에는 여전히 정치적 영향력을 가지고 있었던 살레와 한때 협력하기도 했습니다. 그러나 이 협력 관계는 2017년 살레가 아랍연합군과 전쟁 종식 회담을 할 준비가 되어 있다고 선언한 후 종식됐습니다. 후티 운동은 살레의 배신을 주장했고 양측 군대 사이에 전투가 벌어졌습니다. 12월 4일 살레는 사나에서 후티 반군에 의해 살해됐습니다. 후티 운동은 정치적 개혁에 관심이 있었으나 목표 달성을 위해 무력으로 권력을 잡고 무력 분쟁을 지속하는 선택을 했습니다. 그로 인해 예멘은 내전의 깊은 늪에 빠졌습니다.

외국의 개입과 대리전

예멘 내전에는 중동 지역에서 패권 다툼을 벌이고 있는 사우디아라비아와 이란이 적극적으로 개입했습니다. 사우디아라비아는 다른 아랍 국가들을 이끌고 예멘 정부군을 지원했고 이란은 후티 반군을 지원했습니다. 이란은 후티 반군이 국제적으로 인정받는 예멘 정부를 내쫓고 정부군과 싸우고 있다는 점 때문인지 지원을 공식적으로 인정하지 않았습니다. 후티 반군도 이

평화의 눈으로 본
세계의 무력 분쟁

란의 지원을 부인했습니다. 한편 사우디아라비아의 지원은 노골적이고 전폭적이었습니다. 후티 반군이 합법적인 정부를 상대로 내전을 일으켰고 정부를 회복해야 한다는 점이 국제적으로 정당성과 명분을 가졌기 때문입니다. 이런 지원으로 인해 예멘 내전은 이란과 사우디아라비아의 대리전으로 불리기도 했습니다.

이란은 사우디아라비아의 오랜 정적이었고 후티 반군에 대한 지원을 통해 지역에서의 세력을 유지하려 했습니다. 그러나 이란의 지원을 부인한 후티 반군은 이란제로 보이는 드론과 미사일을 국산이라고 주장하기도 했습니다. 그런데 2022년 1월 유엔은 아라비아해에서 미군이 압수한 수천 점의 무기가 이란 항구에서 보내진 것으로 보인다고 했습니다. 또한 해상과 육로를 통해 러시아, 중국, 이란의 무기가 예멘으로 밀수되고 있다고 했습니다. 이란과 후티 반군 모두 이를 부인했습니다. 그러나 이란의 무기 지원은 당사자들이 부인해도 전 세계가 알고 있는 사실이었습니다. 이란은 간접적으로 후티 반군에 대한 지지를 드러내기도 했습니다. 이란의 지도자인 아야톨라 알리 하메네이 (Ayatollah Ali Khamenei)는 사우디아라비아를 겨냥해 "왜 승산 없는 전쟁을 계속하는가? 전쟁에서 벗어날 방법을 찾으라."고 했습니다. 이란은 사우디아라비아의 영향력이 커지는 것을 계속 경계했습니다.

사우디아라비아는 후티 반군에 의해 쫓겨난 하디 대통령의 요청으로 2015년 3월 26일 예멘 내전에 직접 군사적으로 개입했습니다. 군사적 개입은 처음엔 후티 반군에 대한 공습으로 시작됐고 나중에는 해상 봉쇄와 지상군 투입으로 이어졌습니다. 아랍에미리트, 이집트, 요르단, 모로코, 쿠웨이트, 카타르, 바레인 등이 사우디아라비아가 이끄는 아랍연합군에 동참했습니다. 이 아랍연합군의 공습은 매일 이뤄졌고 주택, 학교, 병원, 시장 등 민간인 거주지와 시설을 가리지 않고 폐허로 만들었습니다.

미국과 영국 또한 사우디아라비아를 지원함으로써 예멘 내전에 개입했습니다. 양국은 군사 정보 제공, 병참과 기술 지원을 하지만 직접 전투에 참여하지는 않고 있다고 주장했습니다. 그런데 2016년 1월 사우디아라비아 외무장관은 미군과 영국군이 예멘 공습을 지휘하고 있다고 했습니다. 또한 양국 군이 공습 목표물을 결정하지는 않지만 아랍연합군이 어떤 목표물을 공습하는지 알고 있다고 했습니다. 이것은 미군과 영국군의 개입을 인정하면서도 막대한 민간인 피해를 야기하는 공습 목표를 양국 군이 선택하지는 않기 때문에 책임은 없다는 설득력 없는 주장이었습니다. 국제 인권 단체인 휴먼라이츠워치는 2016년 3월 보고서를 통해 미국이 공습 목표 선정과 공중 급유◆ 등 군사 작전에 직접 참여하고 있다고 했습니다. 이미 2015년에 미국이 사우디아라비아의 미사일 방어를 위해 특수부대를 파견했음이 나중에 미국의 언론 보도를 통해 밝혀지기도 했습니다. 미국은 적극적으로 예멘 내전에 개입하고 있었고, 영국도 알려진 바와는 다르게 사우디아라비아의 전투에 참여하고 있었습니다.

　서방 국가들의 개입과 관련해 가장 큰 문제가 된 건 무기 수출이었습니다. 미국, 영국, 프랑스는 예멘 내전이 민간인에 막대한 피해를 입히고 사우디아라비아가 무차별로 민간인을 공격하고 있음을 알면서도 무기를 제공하고 판매했습니다. 국제 인권 단체들과 구호 단체들은 이를 강하게 비난했습니다. 독일, 이란, 러시아의 무기 수출도 지적했습니다. 이들은 예멘 내전을 악화시키고 민간인을 해치는 무기 제공을 중단하라고 촉구했습니다. 2019년 8월 유엔은 미국, 영국, 프랑스가 아랍연합군에 무기를 판매하고 군사적 지원을 함으로써 예멘의 식량 사정을 악화시키고 있다고 지적했습니다. 이것은 의도적으로 민간인의 고통을 야기하고 이용하는 전쟁 범죄에 공모하는 것이라고도 했습니다. 유엔은 미국, 영국, 프랑스는 물론 이란에도 무기 공급 중단을 촉구했습니다.

◆ 연료를 실은 비행기가 파이프를 이용하여 날고 있는 비행기에 연료를 넣어 주는 일이다.

◆◆ 정밀 타격을 위한 유도 장치가 부착되어 있어서 정확하게 목표물을 공격할 수 있는 폭탄이다. 스마트 폭탄을 쓰면 비군사 목표물이나 민간인 피해를 줄일 수는 있지만 완전히 막을 수는 없다.

아랍연합군은 민간인에 대한 무차별 공습으로 비난을 받았습니다. 사우디아라비아는 정확한 공격을 위해 스마트 폭탄◆◆을 쓰고 있다며 민간인에 대한 무차별적 공습을 부인했습니다. 그러나 유엔과 인권 단체들은 사우디아라비아가 민간인 살상을 고려하지 않고 있다고 지적했습니다. 공습으로 국제 구호 단체인 '국경 없는 의사회'의 이동 병원과 학교 들이 피해를 입고 전기와 수도 시설이 파괴된 사례를 언급하기도 했습니다. 학자들과 시민단체 활동가들로 구성돼 예멘 내전 상황을 모니터링하는 예멘 데이터 프로젝트(Yemen Data Project)는 2016년 9월 자체 조사 결과 아랍연합군의 공습 세 번 중 한 번이 학교, 병원, 시장, 모스크 등 민간인 시설에 가해졌다고 말했습니다. 2022년 12월 12일 기준 아랍연합군의 공습은 2만 5,054회를 기록했습니다. 이것은 첫 공습이 있은 후 7년 10개월 동안 하루에 약 9회의 공습이 있었음을 의미했습니다. 전체 공습 중 8,121건이 군사 시설 공격이었고 7,055건은 비군사 시설 공격이었습니다. 나머지 9,878건은 정확히 알 수 없는 것이었습니다.

아랍연합군의 공습은 초기부터 많은 민간인 피해를 야기했고 유엔, 인권 단체, 구호 단체 등은 모두 공습에 우려를 표했습니다. 공습이 시작되고 얼마 지나지 않은 2015년 5월에 유엔은 공습으로 인한 민간인 피해의 심각성을 지적했고, 2015년 7월에는 예멘을 가장 높은 비상사태 단계인 3단계(level-three) 지역으로 선포했습니다. 그러나 민간인 지역과 민간 시설에 대한 공습은 전혀 줄어들지 않았고 이런 사실을 알면서도 미국, 영국, 프랑스의 무기 지원은 계속됐습니다. 유엔은 아랍연합군에 동참한 국가들, 그리고 무기를 제공하는 국가들의 전쟁 범죄 연루를 지적했습니다. 또한 예멘 정부군과 후티 반군 모두 인권을 침해했고 국제법을 위반했으며 전쟁 범죄의 책임에서 벗어날 수 없다고 했습니다. 유엔은 "미사일, 공습, 저격수 등이 전투가 없는 곳에서 어떤 사전 경고도 없이 일상생활을 하는 민간인들을 공격하고 있다. 예멘에는 안전한 곳도 숨을 곳도 없다."고 했습니다.

예멘 내전에서는 한국산 무기도 사용됐습니다. 2018년 후티 반군은 정부군으로부터 빼앗은 무기를 찍은 사진을 사회관계망에 올렸습니다. 수류탄에는 한글로 선명하게 '세열수류탄'이라고 적혀 있었고 생산한 한국 회사 이름도 있었습니다. 아랍에미리트가 한국에서 수입한 것을 예멘 정부군에 지원했던 겁니다. 한 영상에는 정부군이 한국의 대전차 미사일을 민간인 거주지인 도시 한복판에서 사용하는 모습이 있었습니다. 한국과 아랍에미리트는 군사 업무 협약을 맺어 한국 부대가 아랍에미리트 특수전 부대의 훈련과 교육을 맡았는데 그 부대원들이 예멘 내전에 투입되기도 했습니다. 몹시 불편한 사실입니다. 한국이 직접 내전에 관여한 것이 아니니 책임질 일이 없다는 주장을 할 수 있습니다. 그런데 한국이 회원국인 경제협력개발기구(OECD)의 다국적 기업 가이드라인은 기업이 인권 침해에 영향을 미치는 거래를 하지 않도록 규정하고 있고 정부는 그런 기업 활동을 감독할 의무가 있습니다. 또한 한국이 가입한 무기거래조약(ATT)에는 "민간 목표물 또는 민간인에 대한 공격" 등 전쟁 범죄에 사용될 것을 알고 있다면 무기를 이전하지 않아야 한다고 규정하고 있습니다. 그러니 한국이 예멘 내전과 아예 관련이 없다고 말하기는 힘듭니다. 무기 지원과 판매로 비난을 받은 국가들에 적용된 기준에서 봐도 비난을 피하기는 어렵습니다.

최악의 인도주의적 재난

유엔은 2021년 말 기준 예멘 내전으로 약 37만 7,000명이 사망했다고 밝혔습니다. 이 중 약 40퍼센트인 15만 명 정도는 공중 폭격이나 전투 등 전쟁이 직접적 원인이 돼 사망했습니다. 나머지 60퍼센트는 전쟁으로 야기된 질병이나 굶주림 등으로 사망했습니다. 15만 명 중 약 10퍼센트인 1만 5,000명은 민간인 지역과 시설을 겨냥한 군사 작전으로 인해 사망했습니다. 그중 아랍연합군의 공습이 많은 사상자를 냈습니다. 예멘 데이터 프로젝트는 2022년 10월 말 기준 공습으로 약 9,000명이 사망했고 1만 명 이상이 부상을 당했다고 밝혔습니다. 다른 무력 분쟁과 비교

해도 결코 적지 않은 숫자의 민간인이 사망했습니다. 그런데 예멘 내전에 세계가, 특히 유엔과 국제단체들이 관심을 가진 이유는 민간인 사상자 때문만은 아니었습니다. 생존을 어렵게 하는 인도주의적 재난 상황 때문이었습니다.

예멘 사람들은 생명의 위협 외에도 여러 문제로 고통을 겪어야 했습니다. 가장 힘든 건 굶주림이었습니다. 수년 동안 계속되는 내전으로 경제 상황은 최악의 상태가 됐습니다. 공무원들조차 제대로 급료를 받지 못했고 농부들은 농사를 짓거나 가축을 기를 수 없었습니다. 약 3,000만 명의 인구 가운데 78퍼센트인 2,340만 명이 인도주의적 지원이 필요한 상태가 됐습니다. 예멘은 내전이 일어나기 전에도 가난한 나라였습니다. 그런데 내전 후에는 국민 대부분이 스스로 생계를 이어 가기 힘든 최악의 상황에 직면했습니다. 유엔난민기구는 2021년 말 기준 약 174만 명은 식량을 구할 수 없는 위험한 상태고 전쟁이 계속되면 이 숫자는 늘어날 수밖에 없다고 밝혔습니다.

계속된 내전으로 이주민이 크게 늘었습니다. 내전 시작 후 600여만 명이 고향을 떠났는데 그중 약 430만 명은 국내 다른 지역으로, 나머지는 타국으로 이주했습니다. 유엔난민기구 보고서에 따르면 2021년 말 기준 예멘 이주민 수는 세계에서 다섯 번째로 많았습니다. 예멘 내 이주민들은 식량과 식수 부족, 열악한 보건과 위생 상황에 직면했고 코로나19가 확산되면서 상황은 더 악화됐습니다. 유엔난민기구는 이주민 가구 중 4분의 1 가구의 가장은 여성이고 그중 20퍼센트는 18세 이하의 소녀 가장이라고 했습니다. 여성 가장들은 성차별 때문에 경제적 어려움과 동시에 성폭력, 성착취, 조혼 등의 위험에 처했습니다.

전쟁으로 악화된 열악한 위생 환경도 위협적인 문제였습니다. 깨끗한 식수의 부족으로 예멘에서는 2016년 10월 콜레라가 발생했고 2017년 말까지 확산됐습니다. 예멘 보건당국은 두 번째 확산이 시작된 2017년 4월부터 2017년 말까지 98만 건 이상의 감염 사례가 있었고 2,200명 이상이 사망했다고 밝혔습니다. 세계보건기구(WHO)는 2021년 11월 말까지의 사망자가 4,000명 이상이라고 밝혔습니다. 다른 나라에서는 잘 발생하지 않는 전염병으로 그렇게 많은 사람이 사망한 건 충격적인 일이었습니다. 다행히 백신 접종 확대로 콜레라는 줄었고 사망 사례는 거의 생기지 않았습니다. 그런데 코로나19 확산이라는 새로운 감염병 위기가 발생했습니다. 예멘은 감염에 대한 통계조차 내지 못했습니다. 세계 모든 국가가 자국 상황에 대응하느라 예멘을 지원할 수 없었습니다. 내전의 한가운데에서 예멘 사람들은 전염병 위기까지 겪어야 했습니다.

예멘 사람들의 일상을 고통스럽게 만들고 굶주림에 빠지게 한 가장 큰 원인은 아랍연합군의 해상과 공중 봉쇄였습니다. 아랍연합군은 2015년 3월 후티 반군에 대한 공습과 함께 봉쇄를 시작했고 그로 인해 예멘에는 식품, 연료, 의약품이 제대로 공급되지 않았습니다. 인도주의적 지원도 방해를 받았습니다. 2017년 11월 4일 후티 반군이 사우디아라비아의 리야드 공항을 미사일로 공격한 후에는 아랍연합군이 예멘으로의 모든 수송로를 닫았습니다. 검역 강화를 이유로 후티 반군 지역으로 가는 인도주의적 지원 수송기와 선박 이동도 3주 동안이나 중단시켰습니다. 11월 말에 "긴급한 인도주의적 지원 물품"에 한해서 수송을 재개했지만 상업 물품의 수입은 여전히 막았습니다. 12월 2일 구호 단체들은 성명서를 내고 "식품, 연료, 의약품 수입의 긴급한 재개 없이는 어린이를 포함해 수백만 명이 굶주림과 질병으로 죽게 될 것"이라고 경고했습니다. 단체들은 봉쇄 행위는 민간인의 생존을 전쟁 수단으로 이용하는 것으로 국제 인도주의법 위반이라고 비난했습니다.

2022년 9월 세계고문방지기구(World Organization Against Torture)는 《슬로모우션고문(Tortue in Slow Motion)》이라는 보고서를 통해 아랍연합군이 봉쇄를 통해 예멘 사람들을 고문하고 있다고 주장했습니다. 보고서는 수만 명이 영양실조, 수인성 전염병(콜레라, 수인성 설사 등), 의료 지원 부족으로 사망하는 건 전쟁의 부수적인 피해가 아니며 그들은 전쟁 범죄의 피해자이고 이는 해상 봉쇄가 가장 큰 원인이라고 강조했습니다. 아랍연합군은 후티 반군에게 무기가 가는 걸 막기 위한 봉쇄라고 주장했습니다. 그러면서 2015년 4월 유엔 안전보장이사회가 통과시킨 결의안◆으로 봉쇄를 정당화했습니다. 그러나 보고서는 결의안이 내전의 모든 당사자에게 "의약품을 포함한 인도주의적 지원 물품이 필요한 사람들에게 도달할 수 있도록 신속하고 안전한 이송을 해야 한다."고 촉구하고 있음을 지적했습니다. 보고서에 따르면, 아랍연합군은 인도주의 지원 물품 수송선을 임의로 수색하고 금지 물품이 무엇인지 설명도 하지 않고 후티 반군에게 이롭지 않은 물품임을 증명하도록 요구했고, 응하지 않으면 폭격을 가할 것이라고 위협했습니다. 이런 의도적인 봉쇄와 방해로 내전 전에는 통관에 17~25일이 걸렸는데 봉쇄 후에는 41~168일로 기간이 늘었고, 그것도 통관이 아예 거부되거나 후티 반군 지역으로 갈 물품이 예멘 정부가 장악한 아덴 항구로 돌려지기도 했습니다. 여러 국제기구와 단체들의 경고에도 아랍연합군은 봉쇄를 계속했고 무기를 제공하는 서방 국가들과 무기 회사들은 암암리에 이를 지원했습니다. 보고서는 아랍연합군이 국제법을 위반하고 범죄를 저질렀음을 강조했습니다. 유엔 고문방지 협약(UN Convention against Torture)◆◆과 다른 인도주의법 위반의 가능성이 있으므로 고문과 전쟁 범죄의 시각에서 조사해야 한다고 했습니다.

예멘은 일상에 필요한 식품, 연료, 의약품 등의 90퍼센트 이상을 수입에 의존하고 있었습니다. 그런데 예멘 정부의 동의하에 이뤄진 봉쇄로, 특히 후티 반군 지역에 거주하는 사람들의 삶은 고립되고 위험에 빠졌습니다. 인도주의적 지원이 필요한 인구 중 70퍼센트 이상이 후티 반군이 장악한 지역에 거주하고 있었습니다. 봉쇄로 식품을 포함한 생필품 가격은 천정부지로 치솟았습니다. 2022년 6개월 동안의 휴전으로 봉쇄가 완화됐고 생필품 가격이 조금 내려갔습니다. 그러나 휴전 연장 실패로 다시 예전의 상황으로 돌아갔습니다.

2022년 7월 유엔 세계식량계획(UN World Food Programme)은 예멘 인구 세 명 중 두 명인 약 1,900만 명이 식량 부족을 겪고 있으며 350만 명은 심각한 영양실조를 겪고 있다고 밝혔습니다. 전쟁으로 경제는 제대로 돌아가지 않았고 사람들은 일을 해도 급료를 받지 못했습니다. 농업도 축산업도 할 수 없었습니다. 물품 부족으로 물가는 계속 올랐습니다. 봉쇄도 문제였지만 후티

◆ 유엔 안전보장이사회가 2015년 4월 14일 통과시킨 결의안 2216으로 15개 이사국 중 14개 이사국이 찬성하고 러시아만 기권해 통과됐다. 결의안은 내전에 관련된 모든 당사자들, 특히 후티 반군에게 폭력의 중단과 장악 지역에서의 철수를 촉구했다. 동시에 내전에 참여한 모든 국가와 집단이 여러 국제기구와 유엔이 중재하는 정치 변화 이행 과정을 준수할 것, 민간인의 안전과 인도주의적 지원을 보장할 것도 촉구했다.

◆◆ 1984년 12월 유엔 총회에서 채택돼 1987년 6월 26일 발효됐다. 고문, 기타의 잔인하고 비인도적이고 인간의 품위를 떨어뜨리는 처우나 처벌을 금지하는 조약이다.

반군이 부과하는 세금도 문제였습니다. 후티 반군은 장악한 지역으로 들어오는 구호품을 포함한 모든 물품에 무거운 세금을 부과했고 그로 인해 또 물가가 올랐습니다. 깨끗한 식수의 부족으로 전염병과도 싸워야 했습니다. 이 모든 것이 전쟁으로 생긴 일이었고 세계는 예멘 상황을 최악의 인도주의적 재난 상황이라고 불렀습니다.

평화의 눈으로 본
세계의 무력 분쟁

6

노벨평화상의 배신

에티오피아 내전

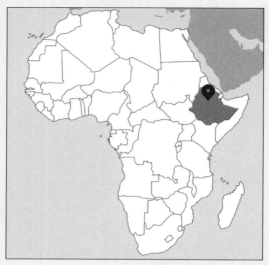

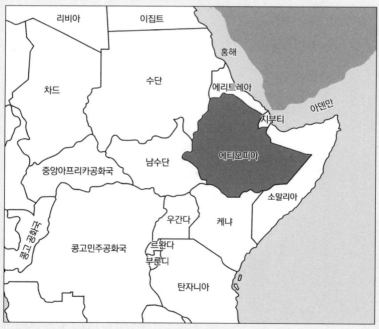

리비아　　　이집트

홍해

차드　　　수단

에리트레아

남수단

지부티

아덴만

중앙아프리카공화국

에티오피아

소말리아

우간다　　케냐

르완다
부룬디

콩고민주공화국

탄자니아

아프리카 지도 ⓒgreenblog.co.kr

내전의 재개

2022년 8월 24일 에티오피아 정부군과 티그라이(Tigray)주의 티그라이민족해방전선(Tigray People's Liberation Front: TPLF) 사이에 전투가 시작됐습니다. 이로써 2022년 3월에 시작된 '인도주의적 휴전'♦은 5개월 만에 종식됐습니다. 티그라이주에 접한 암하라(Amhara)주 주민들은 며칠 전부터 에티오피아군과 암하라주 군대가 전투 지역으로 이동했다고 말했습니다. 서방 외교관들 또한 에티오피아군, 그리고 암하라주 군대 및 민병대가 몇

♦ 인도주의적 재난, 즉 거주자의 생명, 안전, 건강을 위협하는 심각한 상황을 중단 내지 완화하기 위한 휴전을 말한다. 휴전 동안 주로 구호품 수송과 다양한 구호 활동이 이뤄진다.

주 전부터 전투 재개 지역으로 대규모 병력을 이동시켰다고 말했습니다. TPLF 또한 병력을 모집해 온 것으로 알려졌습니다. TPLF의 통제를 받는 티그라이 TV는 에티오피아군, 암하라주 군대와 민병대가 새벽 다섯 시에 대규모 공격을 시작했다고 보도했습니다. 그러나 에티오피아 정부는 TPLF가 먼저 공격을 시작했다고 주장했습니다. 누가 먼저 공격을 했는지는 분명하지 않았습니다. 기자들이 티그라이 지역에 들어가 취재를 할 수 없었기 때문입니다.

전투 재개 소식에 세계는 충격을 받았습니다. 몇 주 전만 해도 평화회담에 대한 기대가 컸기 때문입니다. 아비 아흐메드(Abiy Ahmed) 총리는 평화회담에 적극적인 태도를 보였고 비밀리에 고위급 관리를 TPLF에 보내기도 했습니다. 사전 조율을 통해 정부는 "조건 없는" 평화회담을 원한다고 했고 케냐 나이로비에서 TPLF와 본격적인 평화회담을 하기로 했습니다. 평화회담의 조건으로 TPLF는 정부가 6월부터 중단시킨 은행과 전화 서비스의 복구를 요구했습니다. 이런 상황에서 정확히 어떤 이유로 휴전이 깨졌는지는 분명하지 않았습니다. 다만 많은 무력 분쟁에서 볼 수 있는 것처럼 정부와 TPLF 모두 휴전이 별다른 이익이 되지 않는다고 생각했기 때문이었을 겁니다.

티그라이주는 에티오피아 북부에 있는 지역으로 2020년 11월 이곳에서 정권을 잡고 있는 정당이자 무장 집단인 TPLF와 에티

에티오피아 지도 ⓒgreenblog.co.kr

오피아 정부 사이에 전쟁이 시작됐습니다. 전쟁은 곧 티그라이주 주민들의 삶을 위협했고 대규모 기아 상황이 발생했습니다. 정부의 티그라이주 봉쇄는 상황을 더욱 악화시켰고 국제 사회의 우려와 비난이 커졌습니다. 양측은 2022년 3월 이례적인 '인도주의적 휴전', 말 그대로 인도주의적 재난 상황을 해결하기 위한 휴전에 합의했습니다. 그러나 정부는 봉쇄를 완전히 풀지 않았고 약간의 식량, 의약품, 비료 등의 유입만 허락했습니다. 유엔 세계식량계획이 활동을 재개했지만 5개월의 짧은 시간 동안 큰 변화는 없었습니다. TPLF 지도부는 국제 사회에 보낸 서한에서 "우리는 빠르게 죽음의 순간으로 가고 있다. 굶어 죽느냐, 아니면 우리의 권리와 존엄을 위해 싸우다 죽느냐, 둘 중 하나를 선택할 수밖에 없다."고 했습니다. 전투가 재개되고 휴전이 사실상 종식됨으로써 국제 사회가 기대한 봉쇄 철회와 티그라이주 주민들의 일상 복구는 불가능해졌습니다.

에티오피아는 아프리카의 뿔 지역에 있는 국가입니다. 북쪽으로 에리트레아, 북동쪽으로 지부티, 동쪽과 북동쪽으로 소말리아, 그리고 남쪽으로 케냐, 서쪽과 북서쪽으로 남수단 및 수단 등 여러 국가와 국경을 접하고 있습니다. 면적은 한국의 11배고 인구는 약 1억 1,300만 명입니다. 아프리카에서 두 번째로 인구가 많은 국가입니다. 오로모(Oromo)족과 암하라(Amhara)족이 다수 민족으로 인구의 60퍼센트 이상을 차지하고 있습니다. 티그라이주의 티그라이안(Tygrayan)족은 인구의 약 7퍼센트를 차지하고 있는 소수민족 중 하나입니다. 그 외에 에티오피아는 80개가 넘는 민족이 사는 다민족 국가입니다.

티그라이주는 에리트레아, 수단과 국경을 접하고 있습니다. 이곳은 티그라이안족의 민족주의 정당이자 무장 집단인 TPLF가 장악하고 있습니다. 한때 에티오피아 집권당을 이끌기도 했던 TPLF는 1975년 2월 티그라이주에서 결성됐습니다. 10여 명이 모여 시작했지만 1980년대에 에티오피아에서 가장 강력한 해방운동 단체로 성장했습니다.

TPLF는 1989년부터 2018년까지 티그라이안족, 암하라족,

평화의 눈으로 본
세계의 무력 분쟁

대통령궁 밖에 파괴된 전차의 모습(1991년). ⓒ미국 국방부

오로모족, 그리고 남부 민족주의 운동이 연합한 에티오피아 민족혁명민주주의전선(Ethiopian People's Revolutionary Democratic Front: EPRDF)이라 불리는 연정을 이끌었습니다. 이 연정은 1974년부터 1991년까지 군사 정권과 내전을 했는데 TPLF가 연정을 이끈 후 내전에서 승리했습니다. TPLF는 내전 후인 1991년 5월 새로운 정부를 세웠고 2018년 연방정부로부터 축출될 때까지 연정의 중심 세력으로 정치를 주도했습니다. 2019년 11월에 이 연정은 해체됐고 총리였던 아흐메드가 세 개 정당을 연합해 2019년 12월 새로운 정당인 번영당(Prosperity Party)을 만들었습니다. 2021년 1월 에티오피아 선거관리위원회는 TPLF의 정당

자격을 박탈했고, 2021년 5월 의회는 TPLF를 테러 단체로 규정했습니다. 에티오피아 정부와 TPLF 사이에 내전이 발생한 이후였습니다.

에티오피아 정부와 TPLF 사이의 내전은 티그라이 전쟁으로 불리기도 합니다. 그런데 이와 관련해 흥미로운 점이 있습니다. 내전을 시작한 총리인 아흐메드가 2019년 노벨평화상 수상자라는 점입니다. 그의 수상은 에티오피아와 에리트레아 사이의 오랜 무력 분쟁과 관련이 있습니다. 1993년 에티오피아에서 독립한 에리트레아는 1998년부터 2000년까지 영토 문제로 에티오피아와 전쟁을 벌였습니다. 2000년 12월에 두 나라 사이에 평화조약이 체결됐고 전쟁은 공식적으로 종식됐습니다. 그러나 그 후 18년 동안 영토 분쟁이 계속됐습니다. 2018년 6월 아흐메드는 2000년에 서명한 평화조약을 준수하기로 에리트레아와 합의했고 양국 사이에 평화가 선언됐습니다. 아흐메드는 오랜 영토 분쟁을 끝낸 공로로 노벨평화상을 수상했습니다. 그 후 그는 에리트레아와 관계를 강화했습니다. 아흐메드는 2020년 11월 TPLF와 전투를 시작했습니다. 그는 에리트레아군을 끌어들였고 티그라이주 옆의 암하라주 군대와 민병대까지 동원했습니다. 그리고 티그라이주를 봉쇄하고 인도주의적 재난 상황을 야기했습니다. 많은 전쟁 범죄가 있었지만 묵인하고 부인했습니다. 아흐메드는 노벨평화상에 먹칠을 한 사례가 됐습니다.

내전의 시작

티그라이 전쟁은 아흐메드 정부와 TPLF 사이의 불화에서 시작됐습니다. 그리고 그 뿌리에는 수십 년 동안 계속된 불안한 정치적 상황과 민족 배경에 기반을 둔 권력 싸움이 있었습니다.

앞서 설명한 것처럼 TPLF는 1991년부터 EPRDF 연정을 이끌며 집권했는데 2009년부터 야당으로부터 도전을 받기 시작했습니다. 2009년 10월 선거에서는 야당이 승리했는데 EPRDF는 개표를 중단시켰고 나중에는 부정선거였다고 주장했습니다. 2014~2016년에는 오모로족의 대규모 시위가 일어났습니다. 오모로족은 에티오피아의 최대 민족으로 인구의 약 34퍼센트를 차지합니다. 시위의 발단은 수도인 아디스아바바 확장 계획이었습니다. 아디스아바바를 둘러싸고 있는 오로미아(Oromia)주 주민은 대부분이 오모로족인데 수도가 확장되면 토지를 빼앗길 것을 우려했습니다. 수도 확장 계획에 반대해 2014년 4월에 시작된 시위는 수년 동안 계속됐습니다. 2015년 11월과 12월에는 오로미아주에서 대규모 거리 시위와 파업이 있었고, 2016년 8월부터 10월까지는 전국적으로 시위가 있었습니다. 시위자들은 인권 침해 중단, 정치범 석방, 부의 공정한 재분배 등을 요구했습니다. 오모로족은 수십 년 동안 정치적, 경제적으로 혜택을 보지 못하고 소외당했다고 느꼈습니다. 두 번째로 큰 민족이자 인구의 약 27퍼센트를 차지하는 암하라족 역시 같은 생각이었고, 특히 불만이 높은 청년층이 적극적으로 시위를 벌였습니다. 시위는 인구의 약 7퍼센트밖에 되지 않는 티그라이안족이 정부의 요직을 차지하고 경제, 안보 등 사회의 모든 분야를 지배하고 있는 것에 대한 항의이자 불만의 표시였습니다. 오모로족 시위대는 처음엔 수도 확장 계획 철회를 주장했지만 나중에는 정치범 석방과 오로모족의 정치적, 경제적 권리의 확대 등을 요구했습니다.

경찰은 최루탄과 고무탄을 쏘고 몽둥이를 휘두르며 시위를 강경 진압했고 많은 사상자가 발생했습니다. 2015년 11월과 12월에는 경찰의 강경 진압으로 75명이 사망했습니다. 2016년 시위 때는 더 많은 사망자가 나왔습니다. 이때 오로미아주 정부는 52명이 사망했다고 했지만 인권 단체들은 100명 이상이 사망했다고 했습니다. 2014년 4월부터 2016년 10월까지 정부는 500명 이상의 오모로족 시위자들을 살해했고 수만 명을 수감시켰습니다. 정부는 2016년 10월 비상사태를 선언했다가 2017년 8월에 해제했습니다. 그러나 비상사태 선포와 강경 진압은 시위를 잠재우지 못했습니다. 2018년 2월 정치범 석방을 주저하는 정부에 항의해 오모로족과 암하라족 지역에서 다시 대규모 시위가 일어났습니다. 시위의 영향으로 2018년 2월 총리가 사임했고 6개월 동안 다시 전국적인 비상사태가 선포됐습니다.

2014년과 2015년에 있었던 50년 만의 극심한 가뭄 또한 상황을 악화시켰습니다. 특히 암하라주와 오로미아주의 피해가 컸습니다. 18개월 동안 이어진 가뭄으로 식량은 거의 바닥이 났습니다. 그 후 2016년 봄에는 가뭄 피해 지역에 폭우가 덮쳤고 사람들은 이제 홍수 때문에 수개월 동안 이주민이 됐습니다. 정치적 불안, 그리고 자연재해로 인한 경제적 어려움이 겹친 가운데 정부에 대한 비난과 불만이 높아졌습니다.

시위로 총리가 사임한 후 오모로족인 아흐메드가 새 총리가 됐습니다. 그는 처음엔 정치범을 석방하고 자유롭고 공정한 선거를 약속하는 등 새로운 정치를 보여 줬습니다. 에리트레아와 영토 분쟁을 종식한 공로로 노벨평화상을 수상한 건 큰 정치적 성과였습니다. 그러나 시간이 지나면서 그의 정치는 지지를 얻지 못했습니다. 그는 야당 지도자들을 체포했고 보안군은 시위자들을 사살했습니다. 특히 티그라이주와 대립각을 세웠습니다. 결정적인 사건은 선거 연기였습니다. 아흐메드는 코로나19를 이유로 2020년 8월로 예정됐던 총선을 기약 없이 연기했고 자신의 임기 연장을 선언했습니다. 분노한 티그라이주 지도부는 9월에 독자적인 지방 선거를 강행했습니다. 이 선거에서는 예상대로 TPLF가 압승을 거뒀습니다. 아흐메드는 이것을 중앙정부에 대한 도전으로 여겼고 티그라이주에 대한 재정 지원을 삭감했습니다.

아흐메드 정부와 티그라이주의 대결은 더 많은 자치권을 요구하는 지방정부와 민족에 기반한 지방정부의 자치권을 약화하려는 중앙정부의 대결이었습니다. 동시에 오모로족인 아흐메드와 티그라이안족 정당인 TPLF 사이의 대결이기도 했습니다. TPLF는 아흐메드가 헌법에 기초한 연방주의를 거스르면서 중앙집권을 강화하려 한다고 주장했습니다. 아흐메드 지지자들은 정치적 분단을 만드는 민족주의의 영향을 줄이고 보다 연합된 에티오피아를 만들기 위한 것이라고 아흐메드를 옹호했습니다. 이런 갈등과 대결 속에서 티그라이주는 독자적인 지방 선거를 결정했고 아흐메드가 티그라이주의 결정에 개입한다면 "전쟁 선포"로 간주하겠다고 경고했습니다. 선거에서 TPLF가 압승을 거둔 후 아흐메드는 티그라이주 군대가 무기 탈취를 위해 연방 군기지를 공격했다고 주장했습니다. 이것은 내전의 신호탄과 같았습니다.

2020년 11월 4일 TPLF는 에티오피아 정부군 기지를 공격했습니다. TPLF는 임박한 정부군 공격을 막기 위한 선제적 공격이었다고 주장했습니다. 이에 대응해 몇 시간 후 정부군의 공습이 시작됐고 지상군이 투입됐습니다. 아흐메드는 티그라이 전쟁을 "법치" 회복을 위한 작전으로 규정했습니다. 막강한 공격에 TPLF는 도시를 버리고 농촌과 산간 지역으로 들어가 게릴라 전투를 벌였습니다. 2021년 6월 정부군은 패배했고 티그라이주에서 철수했습니다. 11월 초에는 TPLF가 아디스아바바까지 진군했습니다. 그러나 정부군은 드론 전투기 공격으로 TPLF를 티그라이주로 몰아냈습니다. 그 후 전투는 잦아들었고 인근의 아파르(Afar)주와 암하라주에서 산발적인 교전이 벌어졌습니다.

내전 시작 후 첫 몇 달 동안 국제 사회는 티그라이주에서 어떤 일이 일어났는지 알 수 없었습니다. 외부로의 모든 통신이 끊겼기 때문입니다. 그러나 점차 전쟁의 참상이 드러나기 시작했습니다. 내전의 시작과 함께 티그라이주에 학살과 굶주림이 만연했음이 알려졌습니다. 유엔과 언론은 티그라이주 주민들이 입은 피해에 우려를 표했습니다. 전쟁을 중단시키기 위해 아프리카연합이 중재를 제안했지만 아흐메드는 거부했습니다. 아흐메드는 전쟁 초기부터 개입한 에리트레아군의 존재에 대해서도 부인했습니다. 2021년 봄이 되어서야 아흐메드는 에리트레아군이 티그라이주에서 싸우고 있음을 인정했습니다.

에리트레아의 개입과 암하라주의 협력

2020년 12월 말, 그러니까 티그라이 내전이 일어난 지 한 달쯤이 지났을 때 아흐메드는 에티오피아 의회 연설에서 에리트레아가 TPLF의 공격을 받고 퇴각하던 에티오피아 정부군에게 음식, 옷, 무기를 제공했다면서 고마움을 전했습니다. 에리트레아의 도움으로 다시 싸울 수 있었다고 강조했습니다. 그는 에리트레아가 "우리가 어려울 때 우리 편에 섰다."고 말했습니다. 그러나 그는 에리트레아가 티그라이 내전에 군사적으로 개입한 것은 인정하지 않았습니다.

그러나 TPLF와 티그라이주 주민들은 내전 직후부터 에리트레아 군대가 티그라이주에서 전투에 참여했다고 했습니다. 또한 에리트레아가 티그라이주 북부 지역 일부를 사실상 장악했다고도 했습니다. 미국 국무부 또한 티그라이 내전에 에리트레아군이 개입하고 있음을 알려 주는 "믿을 만한 보고"가 있다고 했습니다. 그러나 에티오피아와 에리트레아 정부 모두 이를 부인했고 에리트레아 외교부 장관은 "선전"일 뿐이라고 일축했습니다. 아흐메드는 유엔 사무총장에게도 티그라이주에 에리트레아군은 없다고 단언했습니다.

아흐메드는 2021년 3월 의회 연설을 통해 처음으로 에리트레아군이 티그라이 내전에 개입했음을 인정했습니다. 또한 처음으로 에리트레아군에 의해 학살과 강간 등의 범죄가 있었음을 확인했습니다. 그는 에리트레아군이 TPLF의 공격을 우려해 국경을 넘었고 에티오피아가 국경을 통제할 수 있게 되면 철수하기로 약속했다고 했습니다. 직전까지도 두 정부는 유엔과 국제 인권 단체들의 에리트레아군 개입과 학살 보고를 부인했습니다. 에리트레아도 2021년 4월 처음으로 티그라이 내전 개입을 인정했습니다. 유엔 안전보장이사회에 보낸 서한에서 에리트레아는 자국에 대한 안보 위협이 현저히 줄어들었으므로 군대를 철수하겠다고 했습니다. 에리트레아의 군사 개입 인정은 하루 전날 유엔이 티그라이주에서 에리트레아군이 에티오피아 군복을 입고 전투를 벌인다는 보고를 받았다고 한 이후에 나왔습니다. 개입 인정과 철수 계획은 에리트레아군이 계속 학살과 약탈을 벌이고 있음이 국제 사회에 알려지고 압력이 커졌기 때문에 나온 것이었습니다.

2021년 6월 에리트레아군은 TPLF가 주요 도시들을 탈환하자 철수했습니다. 그러나 완전히 철수한 것도 군사적 개입을 포기한 것도 아니었습니다. 2022년 8월 휴전이 끝나고 내전이 재개됐을 때 미국 정부는 에리트레아가 티그라이 내전 재개에 핵심 역할을 하고 있다고 지적했습니다. 미국은 에리트레아군에게 "즉각 국경으로 철수할 것"을 요구했습니다. 9월 초 에티오피아 전 통신부장관은 트위터를 통해 에리트레아가 에티오피아의 동맹으로 다시 전투에 합류했다고 했고, TPLF 대변인도 에리트레아가 예비군까지 투입하고 있다고 했습니다. 에리트레아군은 2022년 9월 티그라이주에 대대적인 공격을 가했습니다.

에리트레아는 자국 안보가 위협받는 상황이었기 때문에 티그라이 내전에 개입하게 됐다고 주장했습니다. 그러나 전문가들과 언론의 진단은 달랐습니다. 에리트레아는 티그라이 내전을 통해 에티오피아와의 외교 관계를 강화하길 원했습니다. 또한 국제적으로 존재감과 영향력을 키우려는 목적도 가지고 있었습니다. 다른 한편 1998~2000년 에티오피아-에리트레아 전쟁 때 TPLF 에게 패한 것 때문에 감정이 좋지 않았습니다.

에리트레아의 군사적 개입은 내전을 확대한다는 이유로, 무엇보다 학살과 강간 등의 전쟁 범죄로 국제 사회로부터 큰 비난을 받았습니다. 내전 초기에 에티오피아 정부는 언론의 출입을 통제했고 세계는 티그라이주에서 어떤 일이 일어나고 있는지 알수 없었습니다. 그러나 계속 학살이 일어나고 있고 병원 등에 대한 폭격으로 민간인 피해가 발생하고 있다는 주장이 제기됐습니다. 현장을 조사할 수 없어서 유엔은 답답함을 호소했습니다. 에리트레아가 미사일 공격으로 티그라이주의 병원을 파괴한 사실이 알려졌지만 에리트레아는 부인했고, 아흐메드는 정부군이 한명의 민간인도 죽이지 않았다고 단언했습니다. 그러나 모두 거짓말이었고 진실은 감춰지지 않았습니다. 여러 경로를 통해 티그라이주의 참상이 밖으로 알려졌습니다.

티그라이주와 맞닿아 있는 암하라주 군대와 민병대는 티그라이 내전에 적극적으로 협력했습니다. 에티오피아에서 두 번째로 큰 민족인 암하라족이 대부분인 암하라주는 티그라이주와 이전부터 영토 분쟁을 겪고 있었습니다. 1991년 TPLF가 이끄는 연정이 정권을 잡은 후 연방국가가 되면서 에티오피아에는 새로운 주가 추가됐습니다. 이때 암하라족이 다수를 차지했던 비옥한 지역이 암하라주가 아닌 티그라이주에 포함됐고 수천 명의 티그라이안족이 그곳으로 이주했습니다. 암하라족은 자신들의 땅을 빼앗겼다고 생각했습니다. 이런 이유로 2016년 이후 티그라이주 서쪽에서는 암하라족 주민들이 단체를 결성하고 해당 땅을 암하라주로 돌려달라고 요구하는 시위를 계속했습니다. 암하라주는 티그라이 내전을 통해 빼앗긴 영토를 되찾고 그곳에 암하라족을 이주시키는 것을 목표로 삼았습니다.

성폭력의 무기화

티그라이 내전에서는 온갖 전쟁 범죄가 만연했습니다. 에티오피아군, 에리트레아군, 암하라주 군대와 민병대, 그리고 TPLF와 티그라이안족 민병대까지 전쟁에 관여한 모두가 민간인 학살, 약탈, 성폭력 등의 전쟁 범죄를 저질렀습니다.

티그라이 내전의 첫 대량 학살은 내전이 시작되고 며칠 후인 2020년 11월 9일에 있었습니다. 티그라이안족 민병대는 수단 국경 근처의 마이 카드라(Mai Kadra)에서 암하라족 주민들을 잔인하게 구타하고 칼과 도끼로 살해하는 만행을 저질렀습니다. 같은 날 저녁 그에 대한 보복으로 암하라족 주민들은 티그라이안족 주민들을 학살했습니다. 이 학살과 보복으로 약 230명이 사망했고 100명 이상이 부상을 당했습니다. 그 후 암하라주 군대와 민병대는 티그라이주 주민들에 대해 무차별 살해, 폭행, 약탈 등을 저질렀습니다.

티그라이주의 아숨(Axum)에서는 에리트레아군의 대규모 학살이 있었습니다. 학살은 2020년 11월 19일에 시작됐고 29일까지 이어졌습니다. 이로 인해 수백 명의 민간인이 사망했다고 인권 단체인 국제앰네스티(Amnesty International), 휴먼라이츠워치, 언론사인 AP 통신, 그리고 에티오티아 인권위원회 등이 후에 밝혔습니다. 에티오피아 정부의 통신 단절로 이 학살은 탈출한 생존자들에 의해 2021년 1월부터 조금씩 밝혀졌습니다. 에티오피아 인권위원회도 2021년 2~3월에야 현장을 방문해 학살을 확인했습니다.

2021년 4월에 발표된 국제앰네스티 보고서에 의하면 학살은 아숨의 소규모 무장대와 몽둥이와 돌맹이를 든 주민들이 에리트레아군을 공격한 데 대한 앙갚음에서 시작됐습니다. 에리트레아군은 거리에서 무차별적으로 민간인을 사살했고 주택을 수색해 남성과 소년을 죽였습니다. 학살 직후에는 거리에서 시신을 옮기려는 주민들도 사살했고 나중에야 시신 수습을 허락했습니다. 주민들은 수습된 시신을 쌓아서 여러 교회로 옮겨 집단 매장했습니다. 학살 후 에리트레아군은 수백 명의 주민을 체포하고 다시 저항하면 죽이겠다고 협박했습니다. 에리트레아군은 약탈도 저질렀고 그로 인해 불안과 굶주림을 견디지 못한 주민들은 고향을 떠났습니다. 대규모 학살 외에도 민간인을 학살한 많은 사례가 보고됐습니다.

티그라이 내전에서는 성폭력이 전쟁 무기로 이용됐고 가장 많이 피해를 입은 사람들은 티그라이주 주민들이었습니다. 강간, 집단 강간, 성노예, 성고문 등 온갖 극악무도한 성범죄가 저질러졌습니다. 성폭력은 인종 청소(ethnic cleansing), 그러니까 특정 민족을 완전히 제거하려는 수단으로도 이용됐습니다. 탈출한 주민들은 에티오피아군, 에리트레아군, 그리고 암하라 민병대가 "티그라이안족 피를 씻는다."며 강간을 저질렀다고 말했습니다. TPLF 또한 암하라주 주민들에게 집단 강간 등의 성폭력을 가했습니다. 일부 TPLF 병사들은 암하라 민병대가 티그라이안족 여성들을 성폭행한 것에 대한 보복이라며 성폭행을 저질렀습니다.

휴먼라이츠워치와 국제앰네스티는 2022년 4월 연합보고서를 냈습니다. 보고서는 427명에 대한 인터뷰와 2020년 12월부터 2022년 3월까지 이뤄진 여러 조사에 기반했습니다. 보고서는 티그라이주에서 무차별 학살, 감금, 농작물과 가축 약탈, 성폭행 등 온갖 전쟁 범죄가 자행됐다고 밝혔습니다. 또한 암하라 민병대가 마을 전체를 파괴하고 주민들을 내쫓거나 학살했고, 티그라이안족의 정체성을 부인하는 폭언과 언어 사용 금지 등 민족 말살 범죄를 저질렀다고 밝혔습니다. 보고서는 티그라이주에서 인종 청소가 이뤄진 것으로 볼 수 있다고 했습니다.

  2022년 9월 19일 유엔 인권위원회가 임명한 에티오피아 인권 전문관 또한 티그라이 내전에서의 전쟁 범죄에 대한 보고서를 발표했습니다. 보고서는 특히 에티오피아군 공습의 피해를 언급했습니다. 에티오피아 공군이 2021년 1월 데데비트(Dedebit)의 이주민 캠프에 공습을 가해 어린이를 포함해 60명을 학살하는 전쟁 범죄를 저질렀다고 밝혔습니다. 2021년 6월 이후 민간인과 민간 시설에 피해를 준 50차례 이상의 공습에 대해서는 조사가 필요하다고 했습니다. 에티오피아군의 드론 공격에 대해서도 언급했습니다. 드론 공격은 군사 시설에 대한 정확한 타격이 전제되어야 하지만 조사한 결과 에티오피아군은 그런 전제를 무시했고 민간인에 막대한 피해를 주었다고 지적했습니다. 이 보고서 또한 에티오피아군, 에리트레아군, 그리고 암하라주 군대와 민병대에 의해 티그라이주 여성과 소녀에 대한 강간 등의 성폭력이 이뤄졌고 인간 이하로 취급하는 언어폭력이 있었다고 밝혔습니다. TPLF와 티그라이주 민병대 또한 암하라족 대량 학살, 강간, 성폭력, 약탈, 민간 시설 파괴 등의 전쟁 범죄를 저질렀다고 지적했습니다.

인도주의적 재난

티그라이 내전이 일어난 후 얼마 되지 않아 티그라이에서는 대규모 기아 상황이 발생했습니다. 당시 누구도 기아로 정확히 몇 명이 사망했는지 알지 못했습니다. 티그라이에는 기자나 식량을 지원할 구호 단체 직원들도 들어가지 못했습니다. 유엔 세계식량계획 대변인은 기근이 어느 정도인지 "알 수 없다."고 잘라 말했습니다. 후에 조사를 진행한 한 벨기에 대학의 연구팀은 내전이 시작된 2020년 11월부터 2022년 3월까지 최대 50만 명 정도가 전쟁, 그리고 전쟁으로 인한 굶주림과 질병으로 사망했다고 추정했습니다. 세계식량계획은 공교롭게도 내전 발발 시기가 작물 수확 시기와 맞물렸고 그로 인해 농부들과 노동자들은 수입을 잃었고 시장은 혼란에 빠졌다고 설명했습니다. 식량 가격은 올랐고 반면 수입이 없었던 주민들은 식량을 살 수 없었습니다. 또한 내전으로 티그라이주는 고립된 상황에 놓였습니다. 티그라이주가 접해 있는 에리트레아, 아파르주, 암하라주에서 가는 도로는 봉쇄됐고 수단 국경 또한 무장대 사이의 싸움으로 이용할 수 없었습니다.

2022년 4월 1일 '인도주의적 휴전'이 시작된 이후 처음으로 식량과 연료를 실은 유엔 트럭이 티그라이주의 수도 메켈레(Mekelle)에 도착했습니다. 2021년 12월 중순 이후 처음으로 제법 많은 양의 구호품이 티그라이주로 들어온 겁니다. 이전의 구호품은 비행기를 이용한 수송이었습니다. 비행기에 실을 수 있는 양은 많지 않고 비용도 트럭보다 25배나 높아서 긴급한 상황에 큰 도움이 되지 않았습니다. 세계식량계획은 티그라이주 주민의 약 90퍼센트가 도움이 필요한 상황이고 그중에는 약 50만 명의 어린이가 포함돼 있다고 밝혔습니다.

티그라이주에 구호품이 전달될 수 없었던 가장 큰 이유는 에티오피아 정부가 지원을 막았기 때문입니다. 유엔은 에티오피아 정부가 티그라이주 주민의 굶주림을 전쟁 무기로 이용하고 있다고 비난했습니다. 유럽연합도 2021년 6월 이례적으로 성명서를 내고 군대와 민병대의 의도적이고 반복적인 구호 활동 방해와 구호품 약탈로 티그라이주 주민들이 아사 상태에 내몰리고 있다고 비난했습니다. 유럽연합은 굶주림이 전쟁 무기로 이용되지 않아야 한다는 2018년의 유엔 안전보장이사회 결의안을 상기시켰습니다. 에티오피아 정부는 티그라이주에 대한 연료 공급도 제한했습니다. 이로 인해 티그라이주 내에서 구호품을 운반하고 배급하는 데 어려움이 있었습니다. 에티오피아 정부는 수개월 동안 의약품 공급을 제한했고 세계보건기구는 공중 살포를 통해 약간의 의약품을 공급했습니다. 하지만 이것은 현지에서 필요한 양의 4퍼센트 정도에 불과한 턱없이 부족한 양이었습니다.

2022년 9월에 나온 유엔 보고서는 내전이 야기한 인도주의적 재난 상황을 상세히 적고 있었습니다. 내전 직후부터 에티오피아 정부는 전기, 인터넷, 통신, 은행 업무를 중단시켰습니다. 티그라이주가 고립된 상황에서 에티오피아군, 에리트레아군, 그리고 암하라주 군대와 민병대는 약탈을 저질렀고 주택, 상점, 의료시설, 학교 등을 파괴했습니다. 농작물을 훼손하고 가축을 죽이거나 약탈했으며 식품점을 파괴했습니다. 주민들은 거의 모든 것을 잃었고 생계를 이어 가기 힘들었습니다. 보고서에 의하면 내전 이전에 티그라이주에는 식량 지원이 필요한 인구가 60만 명 정도였습니다. 그런데 내전 이후 인구의 거의 90퍼센트가 식량 부족 상황에 직면했습니다. 2021년 1월에 에티오피아 정부조차 티그라이주 530만 명 인구 중 약 450만 명에게 식량 지원이 필요하다고 밝혔습니다.

2021년 6월 TPLF가 티그라이주를 탈환하자 에티오피아 정부는 다시 전기, 인터넷, 통신, 은행 업무를 중단시켰습니다. 그 결과 급료 지불과 은행 계좌가 모두 동결됐습니다. 거기에 더해 정부는 도로 봉쇄와 검문소를 통해 현금, 연료, 상품이 티그라이주로 들어가는 것을 막았습니다. 티그라이주는 식품, 연료, 의약품뿐 아니라 비료, 씨앗, 살충제, 농업용품 등 농사에 필요한 것도 얻을 수 없었습니다. 이런 상황임에도 정부는 티그라이주에 대한 인도주의적 접근을 방해하고 있지 않다고 주장했습니다.

티그라이주에 대한 인도주의적 지원을 위해서는 아디스아바바를 통한 공중 통로와 아파르주를 통한 육상 통로를 이용해야 했고 유엔과 구호 단체들 모두 정부의 허가를 받아야 했습니다. 그런데 정부와 아파르주의 허가를 받는 건 쉽지 않았습니다. 현지 활동을 위한 현금 송금을 위해서도 정부의 허가를 받아야 했는데 이 또한 명확한 기준 없이 거부되거나 일정 금액 이상 송금을 할 수 없었습니다. 유엔은 2021년 6월 이후 인도주의적 활동을 위해 필요한 현금의 15퍼센트만 송금할 수 있었다고 밝혔습니다. 구호 활동가의 신변도 위협을 받았습니다. 내전 시작 이후 2022년 9월까지 23명의 구호 활동가가 살해됐고 그들 중 대부분이 티그라이안족이었습니다. 유엔은 에티오피아 정부 고위 관료들의 발언을 통해 정부가 의도적으로 티그라이주로 통하는 도로를 봉쇄하고 그럼으로써 티그라이주를 고립시키고 주민들을 압박하려고 했음을 확인할 수 있었다고 밝혔습니다. 또한 에티오피아 정부, 암하라주와 아파르주 정부가 모든 방면에서 티그라이주 주민들의 생존을 어렵게 만들었다고 했습니다.

내전으로 많은 사람이 고향을 떠나야 했습니다. 무차별 공습과 학살, 강간 같은 성폭력이 난무했고 봉쇄로 식량과 의약품도 구할 수 없는 상황이 계속됐으니 떠나는 것 외에는 답이 없었습니다. 유엔난민기구는 내전 시작 직후 매일 거의 3,000명 정도가 티그라이주를 떠나 수단으로 갔다고 밝혔습니다. 내전이 계속되면서 고향으로 돌아오는 사람들은 많지 않았습니다. 2022년 3월 기준 약 6만 명의 티그라이 난민이 여전히 수단에 머물고 있었습니다. 또한 내전 직후부터 2021년 말까지 약 250만 명이 국내 이주민이 됐습니다.

인도주의적 재난 상황의 완화를 위해 이뤄진 휴전이 2022년 8월에 끝났고 전쟁이 재개됐습니다. 10월과 11월에는 종전을 위한 평화회담이 다시 열렸습니다. 마침내 11월 2일 에티오피아 정부와 TPLF는 인도주의적 재난을 해결하고 전쟁을 종식하기 위해 교전 중단과 티그라이주에서의 외국 군대 철수 등에 합의했습니다. 합의 이후 2023년 7월 현재까지 교전은 중단됐습니다. 그러나 티그라이주 서쪽 지방에서는 티그라이안족 주민들을 자기 집에서 쫓아내 수용소로 보낸 암하라족 무장대가 이들을 협박하고 인권을 유린하는 일이 계속되고 있습니다. 아직은 불안한 상황이지만 에티오피아는 그래도 조금씩 평화를 회복하고 있습니다.

7

군의 탐욕으로 무너진 민주주의
미얀마 내전

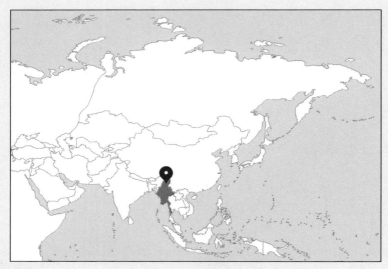

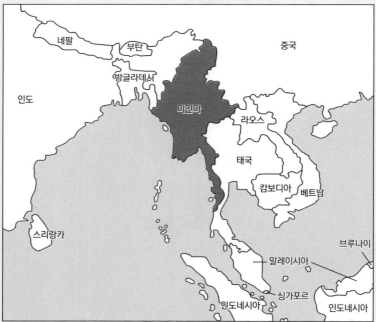

네팔

부탄

방글라데시

인도

중국

미얀마

라오스

태국

캄보디아 베트남

스리랑카

브루나이

말레이시아

싱가포르

인도네시아

인도네시아

아시아 지도 ©greenblog.co.kr

쿠데타로 무너진 민주주의

2022년 2월 1일 미얀마의 대도시인 양곤과 만달레이의 거리는 고요했습니다. 상점들은 문을 닫았고 거리를 돌아다니는 사람은 거의 찾아볼 수 없었습니다. 종일 이어지던 고요함은 오후 4시가 되자 우레와 같은 사람들의 박수 소리로 깨졌습니다. 이날은 미얀마에 군사 쿠데타가 일어난 지 1년이 되는 날이었습니다. 사람들은 상점을 닫고 파업을 하고 집에 머물면서 침묵으로 저항했습니다. 그리고 오후 4시에 큰 박수로 시위를 끝내고 서로의 존재와 연대를 확인했습니다. 이것은 일상을 유지하라는 군사정부 지시에 저항하는 침묵시위였습니다.

2022년 2월 2일 유엔 안전보장이사회는 미얀마 쿠데타 1년을 맞아서 성명서를 발표했습니다. 15개 이사국이 만장일치로 채

택한 것이었습니다. 성명서는 우선 쿠데타 이후 미얀마 상황에 대해 깊은 우려를 표명했고, 아웅 산 수치 국가고문과 윈 민트 대통령 등 체포된 정치인들의 석방을 촉구했습니다. 미얀마의 민주적 정권 인계, 법치, 국민의 인권과 자유에 대한 전폭적인 지지를 표명했고, 국민의 뜻에 따라 모든 정치 집단들이 대화를 모색할 것을 촉구했습니다. 이것은 쿠데타로 정권을 잡은 미얀마 군사 정부를 향한 것이었습니다. 유엔만이 아니라 세계 여러 국가가 미얀마의 민주주의 회복, 폭력 중단, 구금자 석방, 대화를 통한 평화적 해결 등을 촉구하는 공동성명서를 발표했고 우리 정부도 이 성명서에 이름을 올렸습니다.

안전보장이사회는 2022년 7월 27일 보도자료 형식의 또 다른 성명서를 발표했습니다. 미얀마 반체제 인사들이 사형에 처해진 것을 비난하는 내용이었습니다. 군사 정부는 7월 25일 폭력 혐의로 기소된 남성 2명을 포함해 4명을 사형에 처했다고 발표했습니다. 이들은 쿠데타와 군사 정부에 저항한 정치범들로 미얀마에서 정치범을 사형에 처한 건 1976년 이후 처음 있는 일이었습니다. 자신의 신념과 사상에 따라 행동하다 투옥된 정치범을 사형시키는 건 국제적으로 인정되지 않습니다. 하물며 사형을 당한 사람들은 법적 도움도 받지 못한 채 군사법원에서 유죄 판결과 사형 선고를 받았습니다. 안전보장이사회는 이런 사실을 비난하고 재차 정치인들의 석방을 촉구했습니다. 덧붙여 모든 폭력과 병원, 교육 시설 등에 대한 공격과 파괴의 즉각적인 중단을 촉구했고, 인권과 법치에 대한 전폭적인 지지를 재확인했습니다. 동남아시아국가연합, 즉 아세안(Association of Southeast Asian Nations: ASEAN)도 사형을 비난하는 성명서를 발표했고, 아세안 국가들의 사형 재고 촉구를 외면한 군사 정부에 노골적인 실망감을 표했습니다.

국제 사회가 우려를 표한 이유는 그만큼 미얀마 상황이 심각했기 때문입니다. 쿠데타 발생 이후 1년 동안 학살과 방화 등 민간인에 대한 군의 공격이 계속됐고, 정치적 해결에 대한 가능성은 전혀 보이지 않았습니다. 민간인과 정치범에 대한 폭력 중단, 평화적 방식의 문제 해결 등 국제 사회의 촉구를 군사 정부는 전혀 귀담아듣지 않았습니다. 반체제 인사의 사형은 군사 정부가 국제 사회의 압력과 설득을 외면하고 자기 길을 가겠다는 의지를 표명한 상징적인 사건이었습니다.

2021년 2월 1일 미얀마 군부는 쿠데타를 일으켰습니다. 쿠데타란 국민의 뜻과 상관없이 비합법적인 수단으로 정권을 빼앗기 위해 일으키는 반란 행위를 말하며 흔히 군대를 동원한 군사 쿠데타가 일어납니다. 미얀마군도 군대를 동원해 선거를 통해 세워진 정부를 무너뜨리고 정권을 빼앗았습니다. 미얀마에서 군의 쿠데타는 한편으로는 놀랍지 않은 일이었습니다. 거기에는 두 가지 이유가 있습니다. 하나는 이전에도 군이 쿠데타를 일으킨

적이 있었고, 다른 하나는 군이 문민정부하에서도 정치적 영향력을 유지하면서 권력에 대한 욕망을 드러냈기 때문입니다. 수십 년 동안 미얀마를 통치했던 군은 선거에 져서 권력을 넘겼지만 문민정부의 통치 권한을 제한하면서 정권을 빼앗을 때를 노리고 있었던 겁니다. 쿠데타 후 군은 1년 동안의 비상사태를 선포했습니다. 정권을 장악한 민 아웅 흘라잉 군총사령관은 쿠데타 6개월 후인 2021년 8월 1일 자신이 임시정부의 총리직을 맡을 것이라고 발표했습니다. 자기를 총리직에 임명한 겁니다.

미얀마는 수십 년 동안의 군사 정권과 그에 저항한 야당과 국민이 민주화운동을 해 온 역사를 가지고 있습니다. 그렇지만 2021년 쿠데타가 일어난 때까지도 민주주의를 정착시키지 못했습니다. 군은 쿠데타로 허약한 민주주의를 무너뜨려 역사를 되돌렸고 다시 군사 독재를 시작했습니다. 쿠데타에 저항하는 시위가 전국 곳곳에서 일어났고 군사 정부는 군과 경찰을 동원해 총을 쏘며 시위대를 진압했습니다. 쿠데타가 일어난 지 한 달여 만에 300명 가까운 사람이 목숨을 잃었습니다. 국제 사회의 비난이 이어졌지만 군사 정부는 아랑곳하지 않고 오히려 무력 진압을 강화했습니다.

2021년 4월 16일 문민정부 의원들은 군사 정부에 맞서고 정권을 탈환하기 위해 '국민통합정부(National Union Government: NUG)'를 출범시켰습니다. NUG에는 반정부 운동 인사들은 물론 그동안 미얀마 정부와 대립했던 소수민족들도 참여했습니다. 군사 정부에 맞서기 위해 민주 진영이 독자적인 정부를 만든 겁니다. 이로써 미얀마에는 두 개의 정부가 생겼습니다.

2021년 9월 7일 NUG는 군사 정부에 전쟁을 선포했습니다. NUG 대통령 대행은 소셜 미디어를 통해 중계된 연설에서 "국민 방어 전쟁이 시작됐다."며 국민들에게 군사 정부에 대항해 봉기하라고 촉구했습니다. 또 NUG가 창설한 군대인 시민방위군에게 "담당 지역에서 군사 정부를 공격하라."고 했습니다. 이것은 이제 방어에 머무르지 않고 선제적인 공격으로 군사 정부에 대항하겠다는 의미였습니다. 이로써 미얀마는 사실상 내전 상태가 됐습니다. 여러 소수민족 무장 단체들도 NUG와 연대했습니다. 이 선전 포고 이후 군사 정부의 만행은 심해지고 증가했습니다. 민간인 사살, 주택 방화, 무차별 체포 등이 이뤄졌습니다. 하지만 NUG의 반격도 늘어서 둘 사이 교전이 급증했습니다. 2022년 9월에 나온 보고서들은 2022년에 군사 정부와 NUG 사이의 전투가 2021년에 비해 몇 배나 증가했다고 밝혔습니다. 미얀마의 내전이 고착되고 있음을 보여 주었습니다.

군사 정권의 시작과 지속

미얀마는 1948년 1월 영국으로부터 독립했고 버마연합(Union of Burma)으로 국호를 정했습니다. 미얀마는 다민족 국가이지만 버마족이 인구의 70퍼센트 정도를 차지하고 있습니다. 버마는 1951년 6월부터 1952년 4월까지 10개월에 걸쳐 독립 후 첫 번째 총선을 치렀습니다. 여러 정당이 참여한 다당제 선거였습니다. 선거 기간이 길어진 이유는 독립 직후부터 계속된 여러 민족의 무력 투쟁으로 선거가 원활하지 않았기 때문입니다. 현재까지도 미얀마에서는 독립, 자치, 연방제 등을 요구하는 여러 민족의 무력 투쟁이 계속되고 있습니다. 두 번째 총선은 1956년에 있었고 버마는 1958년까지 큰 도전 없이 차츰 정치적, 경제적으로 회복되고 있었습니다. 그런데 여당 지도부 내에서 권력 싸움이 발생했고 그 후 몇 년 동안 정치적 불안이 계속됐습니다. 그러다 1962년에 군사 쿠데타가 있었고 이전 정부 인사들은 모두 체포됐습니다. 쿠데타 이후 정부는 버마식 사회주의의 수립을 위해 산업, 기업, 언론까지 거의 모든 분야를 국유화해서 정부 통제하에 두었습니다. 1974년 새로운 정부가 출범했고 군 인사들이 정부를 장악했습니다. 사실상 군사 독재 국가였습니다. 군사 독재에 항의하는 시위가 수시로 일어났지만 그때마다 정부는 폭력을 써 시위를 진압했습니다.

1988년에는 정부의 경제 정책 실패와 정치적 탄압에 항의하는 민주화 시위가 전국에서 일어났습니다. '8888 봉기(8888 Uprising)' 또는 '국민 봉기(People Power Uprising)'라 불리는데 중요한 사건이 8월 8일에 일어났기 때문입니다. 양곤의 대학생들로부터 시작된 시위는 전국으로 확산됐고 대학생, 승려, 주부, 직장인 등 많은 국민이 시위에 참여했습니다. 이 봉기는 9월 18일에 군의 유혈 진압으로 끝났습니다. 수천 명의 시위자가 살해됐는데 정부는 350명이 사망했다고 밝혔습니다. 이때의 봉기를 진압한건 또 다른 군사 쿠데타 세력이었습니다. 새롭게 들어선 군사 정부는 1989년 6월 국가 이름을 미얀마연합(Union of Myanmar)으로 바꿨습니다. '버마'가 다수 민족만을 선호한 식민지 시대의 흔적을 가지고 있고 '미얀마'가 보다 포용적인 용어라고 주장했습니다. 그러나 대다수 국민과 국제 사회는 군사 정부가 바꾼 국가명인 '미얀마'를 오랫동안 거부했습니다.

1990년 5월 미얀마는 30년 만에 처음으로 다당제 총선을 실시했습니다. 여기에서 야당인 민주주의민족동맹(National League for Democracy: NLD)이 압승을 거뒀습니다. 그러나 군사 정부는 결과를 무시하고 정권을 넘겨주지 않았습니다. 가택연금하에 있었던 NLD 지도자들을 석방하지도 않았습니다. 여기에는 야당 지도자이자 민주화운동의 상징인 아웅 산 수치도 있었습니다. 국제 사회의 비난이 컸지만 군사 정부는 꿈쩍도 하지 않았습니다. 그만큼 군의 정권 장악의 욕망이 컸습니다.

군은 1988~2000년 사이에 군사력을 2배 이상 증강하고 군의 통치를 강화했습니다. 21세기가 되었어도 미얀마의 정치 상황은 크게 변하지 않았습니다. 군사 정부는 야당인 NLD와 민주화 운동에 대한 탄압과 인권 침해 행위를 계속했고 엄격한 군사 통치도 유지했습니다. 유엔을 포함한 국제 사회는 미얀마 정부의 인권 침해를 비난했고 유럽연합과 미국은 1990년대 중반부터 미얀마에 무기 수출 금지, 무역 거래 제한, 자산 동결, 투자 금지 등의 경제 제재를 가했습니다. 제재는 특정 국가가 국제 사회의 규범에 어긋나는 잘못을 저질렀을 때 잘못을 인정하고 변화를 모색하도록 압력을 가하는 조치입니다. 특히 경제 제재는 무력을 사용하지 않고 문제를 해결하기 위해 가해집니다.

다른 한편 국제 사회와 관계를 개선하고 국민의 민주화 요구에 응하기 위해 2000년부터 군사 정부는 야당과 접촉하고 민주적 선거를 위한 법 개정과 새 헌법 제정을 시도했습니다. 드디어 2008년 5월 새로운 헌법이 비준됐습니다. 해외에서 온 감시 활동가들은 부정 투표에 대한 의구심을 가졌지만 어쨌든 헌법은 비준됐습니다. 새 헌법에는 향후 정부에서 군의 주도적 역할을 보장하는 조항들이 포함됐습니다. 의회 의석 중 4분의 1은 군 지도부가 임명한다는 조항도 포함됐습니다. 일반적인 민주주의 국가의 헌법에는 절대 포함될 수 없는 내용입니다. 헌법에는 수십 년 동안 통치를 하면서 누려 온 특권을 절대 포기할 수 없다는 군의 확고한 의지가 반영됐고 야당은 정치 개혁을 위해 그것을 받아들였습니다. 그 후 새 헌법에 따라 선거법 개혁이 이뤄졌습니다.

2010년 20년 만에 처음 총선이 실시되었으나 NLD는 선거에 참여하지 않았습니다. 개정한 선거법에서 군사 정부가 NLD가 승리한 1990년의 선거 결과를 무효로 했고, 외국인과 결혼한 사람과 범죄 전력이 있는 사람의 출마를 금지했기 때문입니다. 이것은 영국인과 결혼하고 가택연금을 위반했던 아웅 산 수치를 겨냥한 조치였습니다. 두 가지를 받아들일 수 없었던 NLD는 선거를 포기했습니다. 2010년의 총선은 겉으로는 다당제 자유선거로 보였지만 유엔을 포함한 국제기구의 선거감시단은 군사 정권을 합법화하기 위한 부정선거로 판단했습니다.

새로운 정부는 정치·사회 개혁을 시도했고, 언론 제한 완화, 정치범 석방, 평화 시위 허용, 노동조합 결성 허용 등의 개혁을 했습니다. NLD도 공식 정당으로 등록할 수 있었습니다. 2012년 보궐선거에서 NLD는 압승을 거뒀습니다. 2015년 처음으로 공정하고 자유롭게 치러진 총선에서 NLD는 의석의 80퍼센트를 차지하면서 다시 선거에서 압승했습니다. 2016년 2월에 1962년의 쿠데타 이후 처음으로 진정한 문민정부가 탄생했습니다. NLD의 지도자인 아웅 산 수치는 외국인과 결혼한 사람은 대통령이 될

미얀마 양곤 대학교 인근에서 쿠데타에 항의하는 시민들의 모습(2021년 2월 8일). ⓒ위키백과

수 없다는 헌법 조항 때문에 대통령이 되지 못했습니다. 대신 국
가고문을 맡고 사실상의 국가 수장이 됐습니다. 4분의 1의 의석
은 헌법에 명시된 대로 군이 차지했습니다. 막강한 권한과 영향
력을 포기하지 않았던 군은 문민정부에서도 국내 정치, 안보, 외
교 등에서 막강한 영향력을 행사했습니다.

　군사 정부와 수십 년을 싸워 출범한 문민정부는 오래가지 못
했습니다. 정권 탈환의 속내를 숨기고 있었던 군은 NLD가 다시
압승을 거둔 2020년 선거에서 부정행위가 있었다고 주장했습니
다. 선거관리위원회가 부정행위는 극소수에 불과했고 선거 결과

평화의 눈으로 본
세계의 무력 분쟁

를 뒤집을 정도가 아니라고 했으나 군은 주장을 굽히지 않았습니다. 2021년 2월 1일 의회 개원일에 군은 쿠데타를 일으키고 아웅 산 수치 국가고문과 윈 민 대통령을 가택연금하고 여당 지도부를 체포했습니다. 군으로부터 권한을 넘겨받은 총사령관 민 아웅 흘라잉은 비상사태를 선언했고 국경을 닫고 여행을 제한했습니다. 문민정부 5년 만에 미얀마에는 다시 군사 정부가 들어섰습니다.

군사 정부의 반인륜적 범죄

2021년 2월 19일에 쿠데타 반대 시위를 하던 중 경찰이 쏜 총에 맞아 뇌사 상태에 빠진 19세 여성 미야 데 카인이 숨졌습니다. 쿠데타 반대 시위가 일어난 후 나온 첫 사망자였습니다. 그녀는 10일 전 수도인 네피도에서 시위에 참가했고 경찰의 총격이 그녀의 오토바이 헬멧을 뚫었습니다. 그런데 이것은 시작에 불과했습니다. 쿠데타에 반대하는 시위가 연일 계속되자 군과 경찰은 시위자들에게 무차별로 고무탄과 실탄을 쐈습니다. 그 결과 하루 수십 명의 사망자와 부상자가 발생했습니다. 무차별로 체포된 사람은 헤아릴 수 없을 정도였습니다. 쿠데타가 일어나고 겨우 두 달이 지난 3월 말까지 500명에 가까운 사람들이 군과 경찰의 유혈 진압으로 사망했습니다. 무차별 총격으로 시위 현장을 지나던 행인들이 사망하기도 했습니다.

쿠데타를 일으킨 군은 정치인들을 수감하고 군대와 무기로 사람들을 위협하면 빼앗은 정권을 쉽게 유지할 수 있을 것으로 생각했던 것 같습니다. 그런데 쿠데타 반대 시위는 곳곳에서 일어났고 시간이 지나면서 참여자도 늘었습니다. 큰 규모의 시위가 계속되자 군은 강경 대응을 선택했습니다. 쿠데타 반대와 민주주의 회복을 외치며 평화 시위를 하는 사람들을 무력 진압하고 사살했습니다. 군은 국민에게 총을 겨눔으로써 자기 욕망을 채우기 위해 쿠데타를 일으켰음을 스스로 증명했습니다. 국민의 목소리에 귀를 기울일 생각은 애초에 없었던 겁니다. 군은 수단 방법을 가리지 않고 쿠데타에 반대하는 사람들을 억압하고 위협하고 죽이고 체포했습니다.

쿠데타가 일어난 후 1년쯤 지난 2022년 3월에 유엔은 미얀마의 인권 상황에 대한 보고서를 발표했습니다. 보고서는 155명 이상의 피해자, 목격자, 활동가 등에 대한 인터뷰, 그리고 위성 사진, 신뢰할 수 있는 여러 자료와 정보에 기초해 작성됐습니다. 유엔은 보고서를 통해 미얀마 군사 정부가 얼마나 심각하게 인권을 침해하고 인간 생명을 가볍게 여기는지 확인할 수 있었다고 했습니다.

보고서에 의하면 쿠데타가 일어난 후 1년이 되지 않은 2022년

1월 말까지 약 1,500명이 군과 경찰, 그리고 협력하는 세력에 의해 살해됐습니다. 사망자의 87퍼센트는 남성이었고 어린이 사망자도 100명이 넘었습니다. 사망은 주로 시위나 수감 중에 발생했습니다. 목격자들의 증언에 따르면 시위 현장에 배치된 저격수가 시위자는 물론 부상자까지 살해했습니다. 전체 사망 중 20퍼센트 정도를 차지하는 수감 중 사망은 부상 방치, 고문, 체벌 때문이었습니다. 보고서는 수감 사망자 중 절반 이상이 수감된 후 48시간 이내에 사망했다고 밝혔습니다. 그들이 수감자들을 얼마나 혹독하게 다뤘는지 짐작할 수 있습니다.

보고서에 따르면 군은 2021년 6월 이후 "테러주의자"인 무장 집단을 소탕한다며 제거 작전(clearance operations)을 시작했습니다. 이때 무차별적인 민간인 살해가 이뤄졌습니다. 7월에 사가잉(Sagaing)주에서 여러 차례 작전을 벌인 군은 한 마을에서 40명의 주민을 살해했습니다. 또 다른 마을에서는 9명을 살해했는데 사망자들은 손과 발이 묶여 있었고 칼과 방망이로 생긴 상처가 있었습니다. 12월에는 어린이를 포함해 11명을 오두막에 가두고 산 채로 불태웠습니다. 카야(Kayah)주의 한 마을에서는 어린이를 포함해 40명을 트럭에 가두고 불태웠습니다. 사망자들은 손과 발이 묶여 있었고 탈출하기 위해 몸부림친 흔적이 있었습니다.

군사 정부는 무차별 체포로 공포를 조성했습니다. 2021년 2월 1일부터 2022년 1월 31일까지 남성 9,307명, 여성 2,349명, 어린이 240명이 수감됐습니다. 1,900명 이상은 수배자로 쫓기는 신세가 됐습니다. 군과 경찰은 거리에서는 물론 민가에 들어가 사람들을 체포했고 폭행을 가했습니다. 130명이 넘는 기자도 체포했습니다. 국제단체인 정치범지원협회(AAPP)는 2022년 6월 기준 수감자가 1만 1,174명이고 그중 115명이 사형을 선고받았다고 밝혔습니다. 군은 쿠데타 직후 몇 주 동안은 체포한 사람들을 경찰서나 감옥으로 보냈습니다. 그러나 나중에는 먼저 군사시설에 보내 조사를 했고 이 과정에서 강간을 포함한 성폭력, 음식과 물 제한, 전기 고문, 약물 주사, 무슬림에 돼지고기 강제로 먹이기 등의 고문이 자행됐습니다.

군은 방화도 저질렀습니다. 수백 건의 방화로 주택, 병원, 학교 등을 파괴했습니다. 시민군의 이용을 막기 위해서였습니다. 미얀마의 시민단체인 데이터 포 미얀마(Data for Myanmar)는 나사(NASA)가 제공하는 화재 관측 위성 데이터베이스, 지역 단체와 시민군의 모니터링을 통해 피해를 집계한 결과 쿠데타 이후 2022년 8월 25일까지 군과 군에 협력하는 집단들이 전국 670곳 이상에서 방화를 저질렀고 그 결과 가옥 2만 8,000채 이상이 불탔다고 말했습니다. 그중 43퍼센트 이상의 방화는 과거부터 민주화운동에 적극적이었던 사가잉주에서 있었습니다. 전문가들은 이 지역이 시민군의 근거지가 되는 것을 막고 주민들의 저항 의지를 꺾기 위해 군이 전략적으로 방화를 저질렀다고 했습니다.

대부분의 사망이 군의 살해로 발생했으며 최소 543명은 군사 정부를 지지한다는 이유로 살해됐다고 유엔 보고서는 밝혔습니다. 이들은 지방 정부 공무원, 그들의 가족과 정보원 들이었습니다. 쿠데타에 반대하는 무장 집단에 의한 살해와 인권 침해 사례는 95건에 달했습니다. 군의 살해와 비교하면 큰 차이가 있지만 쿠데타 반대 집단에 의해서도 살해가 이뤄졌다는 건 미얀마가 사실상 내전 상황임을 보여 줬습니다.

유엔 보고서, 시민단체들의 자료, 언론 기사로 드러난 살인을 포함한 가해는 군사 정부가 저지른 반인륜적 범죄의 일부분일 뿐입니다. 2022년 6월 말 기준 시위나 수감 중, 그리고 군과 경찰에 의해 사망한 민간인은 2,000명이 넘는 것으로 알려졌습니다. 이 또한 공식적으로 집계된 수치일 뿐 알려지지 않은 사망자는 훨씬 많을 것으로 짐작됩니다.

목숨을 잃지 않더라도 군의 방화나 소탕 작전 때문에 고향을 떠나 이주민이 된 사람도 많았습니다. 유엔난민기구의 집계에 의하면 쿠데타가 일어난 2021년 2월 이후 2022년 8월까지 국내에서 발생한 이주민은 약 52만 명이었습니다. 태국 등 이웃 국가로 피신한 사람들도 수만 명에 달했습니다. 2021년 12월 말 통계로 이주민 중 약 13만 명만 다시 고향으로 돌아갔습니다. 나머지는 여전히 타지에서 또는 국경 지역에서 불안한 생활을 하고 있었습니다.

고향을 떠난 이주민들에게 국제 사회가 도움을 주었으나 군사 정부의 방해로 쉽지 않았습니다. 군은 구호 단체에 여행 허가를 내주지 않거나 바리케이드와 검문소를 설치해 이동을 방해했습니다. 쿠데타에 반대하는 집단과 관련된 사람들에게는 구호 물품의 제공을 막았고, 음식과 생필품을 불태우고 봉사자들을 체포하기도 했습니다. 이런 군의 방해 때문에 이주민들은 식량, 식수, 숙소, 보건 등의 도움을 제대로 받지 못했습니다.

냉정한 국제 정치

쿠데타가 일어난 이후 대규모 반대 시위가 이어지자 군은 처음에는 인터넷이나 사회관계망을 차단하는 등의 조치를 했습니다. 그래도 시위가 계속되고 규모가 커지자 강경 진압 방법을 쓰기 시작했고 급기야 실탄을 쏘고 저격수를 배치해 시위자를 사살했습니다. 국민의 비폭력 평화 시위에 국민을 보호할 의무가 있는 군과 경찰이 총으로 맞선 겁니다. 유혈 진압이 계속되자 미얀마 사람들은 국제 사회의 개입을 촉구했습니다. 쿠데타 직후 국제 사회가 일제히 쿠데타와 군부의 정권 장악을 비난했지만 그것보다 강력한 개입이 있어야 군부의 유혈 진압을 끝내고 민주주의를 되찾을 수 있다고 했습니다.

평화의 눈으로 본
세계의 무력 분쟁

일부 미얀마 사람들은 유엔의 무력 개입과 평화유지군 파견을 주장했습니다. 그러나 그것은 여러 이유로 불가능한 것이었습니다. 우선 유엔은 한 국가의 정치적 안정을 위해 무력 개입을 하는 국제기구가 아닙니다. 시위에 대한 유혈 진압과 민간인 사망이 있어도 대화를 통한 해결이 우선이고 무력에 기댄 군사적 개입은 상황을 더 악화시킬 수 있어서 국제 사회가 원칙적으로 하지 않는 일입니다. 동시에 유엔은 그런 군대를 가지고 있지도 않습니다. 유엔 소속의 평화유지군은 무력 분쟁이 끝난 후 당사자들이 평화조약을 지키며 평화를 유지하도록 지원하기 위해 파견되는 군대입니다. 파견을 위해서는 국제 사회는 물론 무력 분쟁 당사자들의 동의가 있어야 합니다. 평화유지군은 전투를 하는 군대가 아니라 무력 충돌이 재발하지 않고 평화가 정착되도록 감시하고 돕는 역할을 합니다. 이런 이유로 평화유지군은 공격할 권한은 없고 자기 보호를 위해 방어할 권한만 가집니다. 일반적인 군대가 아닌 겁니다. 그래서 평화유지군은 무력 분쟁의 한가운데에 파견되지 않습니다. 무엇보다 유엔은 국제 사회와 국가 사이의 평화적 문제 해결을 독려하고 지원하기 위해 만들어진 국제기구입니다.

일부 미얀마 사람들이 유엔의 무력 개입을 주장한 건 그만큼 상황이 절박했기 때문입니다. 국제 사회도 그 상황을 모르지 않았습니다. 사실 미얀마는 오랜 세월 국제 사회가 관심을 가진 국가였습니다. 수십 년 동안 군사 정부가 이어지고 인권 탄압이 있었기 때문입니다. 그래서 국제 사회는 야당의 승리로 미얀마에 문민정부가 들어섰을 때 함께 기뻐했고, 쿠데타로 문민정부가 무너졌을 때 함께 슬퍼하고 분노했습니다. 많은 국가가 쿠데타를 반대하고 비난했으며 군부의 폭력 중단을 촉구했습니다.

　군사 정부의 인권 탄압을 중단시키기 위해 여러 국가가 미얀마에 경제 제재를 가했습니다. 미국은 1988년 미얀마 군부가 학생 시위를 폭력 진압한 이후 경제 제재를 시작했습니다. 2007년에 제재를 일부 완화했다가 군부의 인권 침해에 대응해 그 후 오히려 제재를 확대했습니다. 유럽연합은 1996년 미얀마와의 무기 거래를 금지했고, 2007년에는 인권 침해에 대응해 1,207개 미얀마 기업에 대한 자산 동결과 비자 발급 등을 금지했습니다. 2021년 쿠데타 이후 미국은 쿠데타에 책임이 있는 인물들에 대해 경제 활동과 의료 서비스 이용 등을 제한하는 제재를 추가했습니다. 유럽연합, 영국과 캐나다도 쿠데타 이후 관련된 인물들과 기관들의 자산 동결과 투자 금지, 무역과 여행 제한 등의 제재를 가했습니다. 미국과 유럽연합은 미얀마 상황이 악화되자 2022년 11월 초 미얀마 군사 정부의 관리, 기업, 무기상 등에 대한 추가 제재를 발표했습니다.

　국제 사회의 제재가 문제를 곧바로 해결하는 것은 아닙니다. 해당 국가나 정부에 실질적인 타격을 주지 않을 수 있고, 제재를 받는 쪽이 참고 받아들이는 선택을 할 수도 있기 때문입니다. 미얀마의 상황도 비슷했습니다. 군사 정부는 국제 사회의 비난과 제재에 아랑곳하지 않았습니다. 다른 한편 많은 국가가 쿠데타를 비난하면서도 사실상 군사 정부를 인정했습니다. 다른 나라에서 일어나는 일에 영향력을 행사하는 데는 한계가 있었고 쿠데타로 집권했더라도 사실상 정부 역할을 하고 있으니 계속 외면할 수는 없었습니다. 국제 정치의 냉정한 현실이었습니다.

　중국의 태도는 이런 냉정한 현실을 잘 말해 주었습니다. 미얀마에 정치적, 경제적으로 큰 영향력을 행사하고 천연가스와 광물 등 미얀마의 자원에 욕심이 있는 중국은 처음부터 쿠데타로 집권한 군사 정부를 인정했습니다. 중국은 군사 정부에게 든든한 후원자였습니다. 러시아도 중국과 뜻을 같이했습니다. 두 나라의 반대로 유엔 안전보장이사회는 국제법상 효력이 있는 결의안을 채택하지 못했습니다. 쿠데타가 일어난 지 한 달이 훌쩍 넘은 2021년 3월 10일에 결의안보다 한 단계 낮은 의장 성명만 발표했습니다. 의장 성명에서도 정권을 빼앗은 쿠데타의 불법성은 언급하지 않고 평화 시위에 대한 유혈 진압 비판과 폭력 자제만을 언급했습니다. 미얀마에 대한 무기 수출 금지 등을 포함하는 유엔 총회 결의안은 쿠데타가 일어난 지 4개월 이상이 지나서야 채택됐습니다. 하지만 총회 결의안은 권고일 뿐이어서 결의안을 따르고 따르지 않고는 각 국가의 결정에 맡겨졌습니다.

아세안 또한 군사 정부를 사실상 인정했습니다. 아세안은 2021년 4월 24일 특별정상회의에서 미얀마 군사 정부에게 폭력 중단과 평화적 해결을 위한 대화 등을 촉구하는 5개 조항에 합의했습니다. 그러나 군사 정부가 아세안의 반복적 요구에도 아무런 변화를 보이지 않자 2022년 8월 5일 회원국 외교장관 회의에서 선언문을 통해 미얀마 군사 정부에 "매우 실망했다."고 밝혔습니다. 그리고 2022년 11월에 열릴 정상회의에서 군사 정부의 노력을 평가해 다음 대응 조치를 결정하겠다고 했습니다. 이것은 다른 말로 아세안이 미얀마 군사 정부를 문제가 있어도 사실상 미얀마 정부로 인정한다는 것을 의미했습니다. 군사 정부는 11월 아세안 정상회의까지 합의사항을 실행하지 않았고 아세안은 군사 정부에 재차 실행을 촉구하는 것 외에 아무런 조치도 취하지 않았습니다. 또한 군사 정부의 존재와는 상관없이 미얀마를 아세안 회원국으로 재확인했습니다. 군사 정부는 이런 국제사회의 분열된 의견, 특히 중국과 러시아의 지지를 알고 있었기 때문에 유혈 진압을 계속했고 반대 세력을 무력으로 모두 제거하려 했습니다.

무너진 경제와 물가 인상

군이 쿠데타를 일으킨 목적은 정권을 빼앗는 것에 머물지 않았고 어쩌면 더 중요한 경제적인 이유가 있었습니다. 수십 년 동안 정권을 잡은 군은 미얀마 경제를 거의 독점해 왔습니다. 군 지도부나 군과 협력하는 사람들이 토지, 면허, 특허 등도 장악하고 있습니다. 모든 경제가 군으로 통한다고 볼 수 있을 정도입니다. 문민정부는 군의 경제 독점이 경제 발전에 심각한 장애물이라고 지적하고 2020년 총선 후 경제 부문에 대한 군의 독점을 해체하는 것이 중요한 개혁 과제라고 했습니다. 미얀마의 민주주의가 발전하기 위해서, 그리고 발전하는 과정에서 경제 개혁은 반드시 필요하니 당연한 언급이었습니다. 군은 이런 점을 수용할 수 없었고 자신의 부와 이익을 지키기 위해 쿠데타를 일으켰습니다.

군이 소유하거나 군과 관련된 기업이 많아서 우리나라 기업들뿐 아니라 정부기관도 결국 미얀마군과 경제 협력과 사업을 할 수밖에 없습니다. 그런데 쿠데타를 일으킨 군과 경제 협력과 거래를 계속하면 결국 군사 정부에 이익을 가져다주게 됩니다. 이런 이유로 시민단체는 물론 일부 국회의원들도 미얀마군에 이익을 가져다주는 합작 또는 협력 사업을 중단할 것을 정부와 기업에 요구했습니다. 정부 차원에서도 군과 군 소유 기업에 도움을 주는 무기 수출이나 개발 지원 사업 등을 중단해야 한다고 했습니다. 그러나 정부도 기업도 경제 협력을 중단하지 않았습니다. 경제적 이익을 포기할 이유가 없다고 생각했기 때문입니다. 우리나라에는 해외에서의 기업 활동이나 투자가 인권 침해와 관련됐을 때 제재하거나 처벌하는 법이 마련되어 있지 않습니다. 그러니 기업의 도덕적 판단에 맡길 수밖에 없습니다. 정부가 인권 침해가 있는 국가에 경제 제재를 가하는 경우도 거의 없습니다. 이것은 우리 국민이 미얀마 국민에게 보여 준 연대와 지지와는 동떨어진 일이었습니다.

미얀마군이 쿠데타로 정권을 잡고 경제적 이익을 사수하는 동안 국민의 삶은 나락으로 떨어졌습니다. 세계은행(World Bank)은 쿠데타 발생으로 2021년 미얀마 경제 성장률이 2020년 대비 마이너스 18퍼센트를 기록했고 국민의 40퍼센트 이상이 빈곤 상태에 빠졌다고 밝혔습니다. 이것은 1962년 이래 가장 낮은 경제 성장률로 쿠데타가 경제에 얼마나 큰 타격이 됐는지를 잘 보여 줬습니다. 2022년에도 경제는 회복되지 않았습니다. 쿠데타로 보건과 교육 등 중요한 사회적 토대가 무너졌고 빈곤율은 2배로 뛰었습니다. 세계은행은 10년 동안 이룬 빈곤 감소의 성과가 모두 물거품이 됐다고 했습니다.

쿠데타, 코로나19, 그리고 환율과 물가 상승으로 미얀마 국민들은 최악의 경제난을 겪었습니다. 화폐 가치는 계속 하락했고 쌀, 식용유, 휘발유 가격은 천정부지로 뛰었습니다. 2022년 8월 휘발유 가격은 쿠데타 이전에 비해 4배 가까이 올랐습니다. 물량도 부족해서 휘발유를 사기 위해 뙤약볕에 주유소 앞에서 줄을 서야 했습니다. 군과 시민군 사이에 무력 충돌이 계속되면서 농민들은 경작지를 버리고 피란길에 올랐고, 군이 시민군을 소탕한다면서 방화를 해 주택, 농작물, 종자 등이 불탔습니다. 그 결과 쌀값은 쿠데타 이전에 비해 2배 이상 올랐습니다. 게다가 품질도 좋지 않았습니다. 식용유로 쓰는 팜유 가격도 6배 가까이 올랐고 그나마도 양이 부족해 사기가 어려웠습니다. 정부가 외화 유출을 막기 위해 수입 물량을 통제했기 때문입니다. 이런 최악의 경제 상황에도 군사 정부 대변인은 2022년 7월 기자회견에서 "미얀마에 충분한 미국 달러가 있기 때문에 경제 위기를 겪지 않을 것"이라고 말했습니다. 그러나 국제기관과 전문가들은 미얀마 경제가 쿠데타 이후 여러 국가의 제재와 외국 자본의 유출 때문에 어려움에 빠졌다고 한목소리로 말했습니다.

미얀마 사람들은 정치적 불안과 내전, 그리고 경제난을 함께 겪고 있습니다. 그런데 진행 중인 무력 분쟁이 언제 끝날지, 상황이 언제 좋아질지 알 수가 없습니다. 한번 시작된 무력 분쟁은 경로를 예상하기 힘들고, 종식을 위해 쉽게 방향을 바꾸지도 않습니다.

8

신냉전 시대의 무력 분쟁

러시아 - 우크라이나 전쟁

리투아니아
벨라루스
폴란드
러시아
카자흐스탄
체코
슬로바키아
오스트리아
우크라이나
헝가리
슬로베니아
크로아티아
몰도바
우즈베키스탄
보스니아
헤르체고비나
세르비아
루마니아
크림반도
조지아
아드리아해
아제르바이잔
몬테네그로
코소보
불가리아
흑해
아르메니아
북마케도니아
이란
그리스
튀르키예(터키)
이라크
지중해
시리아
에게해
이라크
키프로스

유럽 지도 ©greenblog.co.kr

전쟁의 서막과 시작

2022년 2월 24일 러시아가 우크라이나를 침공했습니다. 러시아 대통령인 블라디미르 푸틴이 당일 새벽 텔레비전 연설을 통해 '특별 군사 작전'을 선포한 직후였습니다. 공격은 우크라이나 북쪽의 벨라루스, 남쪽의 크림반도, 그리고 동쪽의 러시아에서 동시에 이뤄졌습니다. 우크라이나의 수도 키이우(Kyiv)를 포함해 여러 도시가 동시에 공격을 받았습니다. 이것은 제2차 세계대전 이후 처음 있는 유럽 국가에 대한 대규모 공격이었습니다. 한참 전부터 우크라이나와 러시아 국경의 군사적 긴장이 높아졌지만 실제로 전쟁이 일어날 거라 생각한 사람은 많지 않았습니다. 러시아가 전쟁을 시작한다면 그것은 우크라이나를 지지하는 미국과 서방 국가들에 대한 선전 포고가 될 거라 생각했기

러시아의 폭격에 의해 불타고 있는 우크라이나 수도 키이우. ⓒ우크라이나 대통령실

때문입니다. 세계 최강국 중 하나인 러시아와 미국이 군사적으로 충돌하는 일이 벌어지지는 않으리라 생각했습니다. 그런데 전쟁이 일어났고 세계인들은 당황스러움과 두려움을 동시에 느꼈습니다.

푸틴은 우크라이나 침공을 "특별 군사 작전"이라 부르면서 '전쟁'이라는 점을 애써 부인했습니다. 그는 러시아 국민에게 "비나치화와 비무장화"가 군사 작전의 목적이고, 덧붙여 우크라이나 정부로부터 탄압받고 학살당하는 사람들을 보호하기 위해서라고 주장했습니다. 그가 언급한 나치 세력은 아조우(Azov) 연대를, 탄압받는 사람들은 친우크라이나 무장대와 친러시아 무장대의 무력 충돌이 있는 우크라이나 동부 지역 주민들을 일컫는 것

평화의 눈으로 본
세계의 무력 분쟁

이었습니다.

아조우 연대는 2014년 5월에 극우 민족주의 집단과 신나치 집단이 연합해 만든 무장대로 외국인 혐오와 신나치 사상을 가진 대원들로 이뤄졌습니다. 이들은 우크라이나 동부 도네츠크 (Donetsk)주의 친러시아 분리주의자들과 싸웠고 우크라이나 정부의 찬사와 지지를 받았습니다. 아조우 연대는 2014년 가을 우크라이나군에 편입됐고 서방 언론은 신나치 조직을 받아들인 우크라이나를 비난했습니다. 이에 대해 아조우 연대 대변인은 대원의 10~20퍼센트만 나치 신봉자들이고 연대 전체가 신나치주의자는 아니라고 했습니다. 무엇이 진실인지는 알 수 없지만 분명한 건 대원 중에 신나치주의자와 극우 민족주의자들이 있다는 점이었습니다. 아조우 연대는 고문과 인권 침해 등으로 유엔과 인권 단체의 비난을 받았습니다. 2018년에는 집시(Roma) 캠프를 공격하고 여성들을 희롱하는 장면을 사회관계망을 통해 생중계하기도 했습니다.

2015년 미국과 캐나다는 신나치와의 연계를 이유로 아조우 연대에 대한 지원과 훈련 제공을 중단하겠다고 발표했습니다. 2016년 페이스북은 아조우 연대를 "위험한 조직"으로 지정했고 2019년에는 제1 위험군으로 취급해 서비스 이용을 금지했습니다. 2019년에는 40명의 미국 의원들이 아조우 연대를 테러 집단으로 지정할 것을 미 국무부에 요구하기도 했습니다. 그러나 우크라이나 전쟁 시작 이후 페이스북은 금지를 풀었고 아조우 연대의 신나치 논란은 사그라들었습니다. 이것은 아조우 연대가 변해서가 아니라 러시아 침공에 대항해 싸우는 우크라이나군에 세계의 관심이 집중됐기 때문입니다.

아조우 연대가 신나치 성향의 극우 무장대인 점, 많은 인권 침해와 혐오 범죄를 저지른 점은 사실이고 오래전부터 많은 전문가와 언론이 이 문제를 지적했습니다. 그러나 푸틴이 아조우 연대의 문제를 지적한 건 공격을 정당화하기 위한 핑계에 불과했습니다.

푸틴이 우크라이나 침공의 중요한 이유로 지목한 다른 문제는 북대서양조약기구(North Atlantic Treaty Organization: NATO)의 확장이었습니다. 나토는 북아메리카의 미국과 캐나다, 그리고 유럽 국가들의 군사 동맹으로 2023년 7월 현재 31개 국가가 회원으로 가입되어 있습니다. 푸틴은 오래전부터 나토가 동쪽으로 영역을 넓히는 것을 경계했고 그래서 러시아와 국경을 맞대고 있는 우크라이나가 비나토 국가로 남아 있기를 원했습니다. 그러나 우크라이나는 나토 가입을 원했고 푸틴은 이를 막기 위해 우크라이나 침공을 감행했습니다.

우크라이나는 2008년 나토 가입을 타진했지만 2010년 가입을 원하지 않는 정권이 들어서면서 진전이 없었습니다. 그런데 2014년 러시아가 우크라이나를 침공해 크림반도를 빼앗아 합병했고◆ 이후 나토 가입을 지지하는 여론이 높아졌습니다. 2017년에는 국민의 69퍼센트가 나토 가입을 지지했습니다. 그 후 우크라이나는 나토 가입을 위한 외교에 박차를 가했고 2018년 3월 나토는 우크라이나를 나토 가입을 원하는 국가에 포함시켰습니다. 2019년 2월 우크라이나 의회는 나토와 유럽연합 가입을 외교 정책의 목표로 삼는 내용을 포함한 개정 헌법을 압도적인 지지로 통과시켰습니다. 2019년 5월 볼로디미르 젤렌스키(Volodymyr Zelensky)가 대통령으로 취임한 후 나토 가입은 기정사실화됐습니다. 우크라이나는 나토 회원국들에게 우크라이나의 안보와 방어를 위해 반드시 나토 가입이 필요하다고 설득했습니다.

이런 변화는 러시아에게 달갑지 않은 것이었습니다. 2021년 4월 러시아는 우크라이나 국경 지대에 병력을 늘리기 시작했습니다. 이에 대응해 우크라이나와 나토는 2021년 6월 흑해에서 공동 해군 훈련을 실시했고 러시아는 이를 비난했습니다. 국경

◆ 2014년 2월 우크라이나 수도 키이우에서 정부의 친러시아 정책에 항의하는 대규모 시위가 일어났고 그 결과 친러시아 성향의 빅토르 야누코비치 대통령이 의회 표결로 해임됐습니다. 이를 계기로 친러시아 성향이 강한 우크라이나 남부와 동부에서 러시아를 지지하는 시위가 일어났다. 이를 기회로 삼아 푸틴은 크림반도를 침공했고 러시아군의 감시하에 러시아 합병 찬반 주민투표를 실시했다. 압도적인 지지를 핑계로 푸틴은 2014년 3월 18일 크림반도를 러시아에 합병시켰다.

의 군사적 긴장은 2021년 가을이 되자 한층 높아졌습니다. 11월에 러시아는 국경에 9만 명이 넘는 군을 배치했고 우크라이나는 러시아의 침공을 우려했습니다. 러시아는 우크라이나에 나토에 가입하지 않겠다는 "법적 보장"을 하라고 요구했습니다. 우크라이나는 당연히 이 요구를 거절했습니다.

국경에서의 긴장이 높아지자 12월 초 미국은 러시아에 우크라이나를 침공하면 "강한 경제적 조치 등이 취해질 것"이라고 경고했습니다. 양국의 군사적 긴장 국면에 미국이 본격적으로 개입하기 시작한 겁니다. 2022년 1월 중순 러시아는 우크라이나의 이웃 국가인 벨라루스에 병력을 이동시켰고 이에 대응해 미국은 우크라이나에 2억 달러(한화 약 2,600억 원)의 안보 지원을 했습니다. 미국은 러시아에 다시 경고를 했고 다른 한편 나토군은 경계 태세에 들어갔습니다. 1월 말과 2월 초에 러시아는 우크라이나 인근 지역과 벨라루스에서 대규모 군사훈련을 하면서 긴장을 높였습니다. 미국은 푸틴이 우크라이나 침공을 이미 결정했고 곧 실행에 옮길 것이라고 몇 차례 경고했습니다. 미국의 예견대로 러시아는 2월 24일 우크라이나를 침공했습니다. 푸틴이 우크라이나를 침공한 진짜 이유에 대해 의견이 분분한데 우크라이나의 나토 가입 문제가 이유 중 하나였던 건 분명합니다.

한편 2022년 8월 우크라이나 대통령 젤렌스키는 미국의 한 신문과의 인터뷰에서 미국이 전달한 러시아 침공 계획과 경고에

214

대해 국민에게 상세히 알리지 않았다고 했습니다. 그는 국민들이 공포에 빠져 피란을 가고 경제가 몰락하는 것이 두려웠기 때문이라고 했습니다. 이런 사실이 알려지자 우크라이나 사람들은 분노했습니다. 그들은 정보가 제대로 국민에게 전달되고 공유됐다면 침공에 대비할 수 있었고 다른 선택을 할 수 있었을 것이라고 했습니다. 러시아의 학살도 피할 수 있었을 것이라고 했습니다. 뉴스를 통해 미국의 정보가 이미 알려졌었다고 주장하는 사람들도 있었습니다. 그러나 정부가 침공 계획을 알리지도 국민을 준비시키지도 않은 건 사실이었습니다.

우크라이나의 반격

러시아는 육상, 해상, 공중에서 우크라이나를 공격했고 우크라이나는 공격에 대응해 비상계엄령을 선포하고 징집령을 내렸습니다. 미국 백악관은 침공 당일 러시아 은행들에 대한 제재와 항공, 해운, 방위 분야와 관련된 기술의 러시아 수출 금지를 발표했습니다. 이틀 후 유럽연합은 러시아 은행들의 국제은행간통신망(스위프트SWIFT)◆의 이용을 금지하고 러시아 중앙은행의 자산을 동결했습니다. 러시아 항공기의 유럽연합 영공 통과도 금지했습니다. 미국도 2022년 3월 1일 러시아 항공기가 자국 영공을 통과할 수 없도록 했습니다. 러시아는 국제 사회에서 고립됐습니다. 한 국가가 자국 이익을 위해 타국을 침공하는 건 정당화될 수 없었고 세계 곳곳에서 러시아의 침공을 비난하고 전쟁에 반대하는 시위가 일어났습니다. 러시아를 경제적으로 압박하기 위한 추가 조치도 있었습니다. 3월 8일 유럽연합은 러시아 천연가스에 대한 의존도를 2022년 말까지 66퍼센트 줄이기로 했습니다. 미국은 러시아산 원유 수입을 금지했습니다. 초국적기업, 그러니까 전 세계를 무대로 생산, 판매, 투자를 하는 기업들은 속속 러시아를 떠났습니다.

우크라이나 사람들은 하루아침에 피란민이 됐습니다. 3월 8일 우크라이나 난민 수는 이미 200만 명을 넘었습니다. 폴란드 국경으로 향하는 길은 차량으로 메워졌고 며칠을 걸어서 국경에 도착한 사람들도 있었습니다. 징집령 때문에 난민의 대부분은 노인, 여성, 어린이였습니다. 피란을 떠나지 못한 사람들은 매일 공포 속에 살아야 했습니다. 3월 16일 러시아는 남부 항구도시 마리우폴(Mariupol)의 한 극장을 공격했고 이곳에 피신해 있던 약 300명의 민간인이 사망했습니다.

◆ 세계 각 나라의 금융 기관을 중심으로 메시지와 데이터를 송신해 주는 비영리 법인으로 1973년에 설립되었다. 세계 209개국 9,700개 이상의 금융기관을 연결해 데이터와 메시지 전송을 돕는다.

평화의 눈으로 본
세계의 무력 분쟁

침공 후 일주일이 되지 않아 러시아는 키이우 인근까지 진격해 우크라이나를 압박했고 남부 도시 헤르손(Kherson)을 장악했습니다. 러시아가 곧 우크라이나의 항복을 받아낼 것 같았습니다. 그러나 우크라이나의 반격이 만만치 않았습니다. 단기간에 전쟁을 끝낼 수 있으리라는 러시아의 예상, 우크라이나가 러시아의 군사력에 맞설 수 없으리라는 세계의 예상은 모두 빗나갔습니다. 3월 25일 러시아는 동부의 루한스크(Luhansk)주와 도네츠크주의 장악을 확고히 하는 데 집중하겠다고 했습니다. 우크라이나의 반격이 예상보다 강하자 전쟁의 목표를 수정했던 겁니다. 3월 27일 젤렌스키는 우크라이나가 나토 가입을 하지 않고 중립적 지위로 남는 것과 러시아가 침공의 이유로 내세웠던 친러시아 지역인 동부 돈바스(Donbas)의 지위에 대한 타협을 고려할 수 있다고 했습니다. 평화회담을 위해 한발 물러선 것이었습니다.

종전을 위한 러시아와 우크라이나의 평화회담은 러시아 침공 며칠 후인 2월 28일부터 시도됐습니다. 우크라이나는 러시아에 철군을 요구했고, 러시아는 우크라이나에 친러시아 지역인 루한스크와 도네츠크의 독립, 그리고 2014년 러시아가 빼앗은 크림반도의 인정을 요구했습니다. 러시아가 침공 이유 중 하나로 내세운 친러시아 지역 무장대의 비나치화와 비무장화도 있었지만 그건 애초에 중요한 문제가 아니었습니다. 3월 10일에는 튀르키예의 중재로 양국 외무부장관이 만났습니다. 그 후에도 평화회 담이 시도됐지만 아무런 성과가 없었습니다. 3월 29일 튀르키예 가 중재한 평화회담이 재개됐습니다. 이 회담에서 러시아는 키 이우 인근에서의 군사 작전 감축 의사를 표했고, 우크라이나는 국제 사회가 우크라이나의 안보를 보장한다면 나토 가입을 하지 않고 중립국 지위를 유지할 의사가 있다고 했습니다. 그러나 양 국 사이에 신뢰가 없었기 때문에 결과는 장담할 수 없었습니다.

4월 2일 러시아는 키이우 북서쪽의 부차(Bucha)에서 철수했 습니다. 키이우를 둘러싸고 압박하려는 러시아군의 작전으로 부차는 침공 직후부터 격전지가 됐던 곳입니다. 그런데 러시아 군 철수 후 드러난 부차의 상황은 처참했습니다. 도시는 모두 파 괴됐고 거리에는 시신이 즐비했습니다. 밝혀진 민간인 사망자 만 461명이었습니다. 많은 사람이 손이 뒤로 묶인 채 사살됐습 니다. 지하실에서 고문을 받은 흔적이 있거나 손발이 잘린 시신 도 있었습니다. 여자 어린이를 포함해 여성들은 강간을 당했습 니다. 러시아군은 모두 우크라이나가 꾸민 일이라고 주장했습 니다. 그러나 세계 언론의 러시아군 주둔 전후 위성사진 판독, 그리고 생존자들의 증언으로 모두 러시아군이 저지른 전쟁 범 죄임이 밝혀졌습니다. 우크라이나 사람들은 물론 전 세계가 경 악했고 분노했습니다. 후에 부차 이외의 여러 지역에서도 러시 아군의 고문, 강간, 민간인 살상 등이 있었음이 언론과 인권 단체에 의해 밝혀졌습니다.

부차 학살이 드러난 이후 우크라이나는 러시아와 끝까지 싸워 이기겠다는 의지를 분명히 했습니다. 국민의 분노가 커서 평화회담을 진행할 수 없는 상황이기도 했습니다. 러시아는 젤렌스키와 푸틴의 회담까지 준비하고 있었지만 부차 학살이 밝혀진 이후 중단했습니다. 3월 말 회담에서 양측이 내놓은 안은 논의될 수 없게 됐습니다.

한편 러시아군은 물자와 병력 부족으로 고전하기 시작했습니다. 세계 최강국 군대라는 명성과는 달리 러시아군은 조직적이지 않았고 정확한 정보도 없이 전투에 투입된 병사들의 사기는 높지 않았습니다. 반면 우크라이나군은 예상과는 달리 맹렬하게 싸웠고 일부 지역을 탈환하기도 했습니다. 전쟁은 애초 예상과는 다르게 장기전으로 변했습니다.

9월 말 우크라이나 동부의 도네츠크주, 루한스크주, 자포리자주, 헤르손주 등 네 곳에서는 5일 동안 러시아 합병에 대한 찬반을 묻는 투표가 실시됐습니다. 결과는 절대다수의 찬성이었습니다. 찬성률이 제일 높은 건 도네츠크주로 99.23퍼센트였고 제일 낮은 건 헤르손주로 87.05퍼센트였습니다. 네 개 주를 합한 크기는 우크라이나 영토의 15퍼센트입니다. 9월 30일 푸틴은 투표 결과에 따라 네 개 주가 러시아에 합병됐다고 선언했습니다. 합병이 발표되자 우크라이나는 보복하듯 나토 가입 신청서에 서명하는 영상을 공개했습니다. 미국과 나토는 전쟁 확산을 우려하며 나토 가입에 적절한 시기가 아니라고 했습니다.

국제 사회는 러시아의 합병을 인정하지 않았습니다. 10월 12일 유엔 긴급총회에서는 러시아의 불법 합병을 규탄하는 결의안이 193개 회원국 중 143개국의 찬성으로 가결됐습니다. 그럼에도 러시아의 합병 발표는 중요한 의미가 있었습니다. 러시아는 우크라이나가 네 개 주를 공격할 경우 자국 공격으로 간주할 수 있고, 그러면 전쟁이 확산될 수 있기 때문입니다. 그런데 합병이 선언된 지 며칠 지나지 않아 우크라이나군은 네 개 주 모두에 진격했습니다. 11월 초에는 헤르손주의 주도인 헤르손을 탈환했습니다. 젤렌스키는 10월 15일 G20 정상회의 화상 연설에서 러시아와의 평화협상 조건을 제시했습니다. 조건에는 러시아군 철수, 영토 회복 등이 포함됐고 러시아는 이에 아무런 대응을 하지 않았습니다.

미국과 유럽의 무기 지원

우크라이나 전쟁은 일어나지 않아야 하는 전쟁이었습니다. 국제 사회에서 책임감을 가져야 할 강대국이 외교적 해법을 찾지 않고 타국을 침공한 건 이해하기 힘든 일이었습니다. 한편으로 슬프게, 다른 한편으로 화나게 만드는 우크라이나 전쟁을 보며 세계는 두 가지 점을 우려했습니다. 하나는 러시아와 유럽 사이에 군사적 긴장이 높아져 전쟁으로까지 번질 수 있다는 점이었고, 다른 하나는 러시아와 미국의 충돌 가능성이 높아질 수 있다는 점이었습니다.

유럽 국가들은 러시아의 침공에 충격을 받았고 러시아를 맹비난했습니다. 제2차 세계대전 이후 처음 유럽 한복판에서 발발한 큰 전쟁일 뿐 아니라 러시아가 나토의 확장과 우크라이나의 나토 가입 문제를 침공의 이유로 들었기 때문입니다. 러시아의 행동은 유럽 국가들에 대한 불신과 적대 감정을 노골적으로 드러내고 수십 년 동안 쌓아 온 경제 협력과 외교 관계를 저버린 것이었습니다. 나토를 이끌고 있는 미국도 러시아가 노골적이고 공개적으로 나토에 적대감을 표시한 것, 무엇보다 나토 확장을 빌미로 우크라이나를 침공한 것에 분노했습니다. 다른 한편 유럽 국가들과 미국 모두 러시아가 우크라이나를 장악한다면 폴란드, 헝가리, 루마니아, 리투아니아, 라트비아 같은 유럽연합 회원인 동시에 나토 회원인 국가들이 러시아의 위협에 직접 노출될 것을 우려했습니다. 이런 분노와 우려가 군사 행동으로 이어진다면 말 그대로 3차 세계대전이 일어날 수도 있는 상황이었습니다. 그러므로 그런 상황을 만들지 않으면서 동시에 우크라이나를 방어해야 했습니다. 그래서 유럽 국가들과 미국은 우크라이나 전쟁에 직접 발을 들여놓지 않는 대신 막대한 군사 지원으로 우크라이나군이 러시아군을 막도록 했습니다.

우크라이나에 가장 많은 군사 지원을 한 건 미국이었습니다. 미국 국무부는 러시아 침공 이후부터 2022년 11월 초까지 '안보 지원'의 명목으로 약 183억 달러(한화 약 23조 7,900억 원)를 지원했다고 밝혔습니다. 여기에는 미사일, 레이더 시스템, 대공포, 로켓탄, 탱크, 헬기, 군용 트럭, 전투복과 헬멧 등 수십 종의 무기와 전투 장비가 포함됐습니다. 미국은 2014년 러시아가 크림반도를 침공한 이후부터 우크라이나에 안보 지원을 했습니다.

미국 다음으로 많은 군사 지원을 한 건 영국이었습니다. 2022년 11월 11일 영국 의회도서관이 발행한 보고서 《러시아 침공 이후 우크라이나 군사 지원》에 따르면 러시아 침공 이후 9월까지 영국은 23억 파운드(한화 약 3조 6,800억 원/1파운드 1600원 기준)의 군사 지원을 했습니다. 2022년 9월 영국 총리는 2023년에도 같거나 더 많은 액수의 지원을 하겠다고 말했습니다. 모든 나토 회원국들이 우크라이나에 군사 지원을 했습니다. 나토 회원국이 아닌 오스트리아, 핀란드, 아일랜드, 스웨덴, 스위스 같은 유럽 국가도 군사 지원에 동참했고, 나토 회권국도 유럽 국가도 아니지만 호주, 뉴질랜드, 일본 등도 군사 지원을 했습니다. 미국 국무부는 2022년 9월 말 기준 미국을 제외한 50개국이 우크라이나에 130억 달러(한화 약 16조 9,000억 원) 정도의 군사 지원을 했다고 밝혔습니다.

나토 회원국들과 유럽 국가들은 유럽 한복판에서 일어난 전쟁이기 때문에, 그리고 러시아가 우크라이나를 침공했기 때문에 적극적으로 우크라이나를 돕는다는 명분을 가지고 있었습니다. 특히 나토 회원국들의 대규모 무기 지원은 우크라이나 전쟁이 곧 러시아와 나토의 전쟁임을 명백하게 보여 줬습니다. 미국의 천문학적인 액수의 무기 지원과 개입은 우크라이나 전쟁이 러시아와 미국의 전쟁이기도 하다는 점을 보여 줬습니다. 미국의 지원이 없었다면 우크라이나는 전쟁을 계속할 수 없었습니다. 미국은 국제 사회에서의 영향력을 이용해 나토 회원국도 유럽 국가도 아닌 국가들의 무기 지원도 이끌어 냈습니다.

우크라이나 전쟁이 일어난 후 한국은 살상 무기는 보내지 않고 방독면, 헬멧 같은 비살상 군수품과 인도적 지원만 한다는 원칙을 세웠습니다. 유럽의 전쟁에 개입하지 않겠다는 의지도 있었지만 러시아와의 관계 악화가 한반도 상황에 미칠 영향도 고려해야 했기 때문입니다. 또한 러시아와의 무역에 미칠 영향도 무시할 수 없는 중요한 문제였습니다. 그런데 미국이 군사 강국인 한국에 무기 지원을 요청하지 않을 리가 없었습니다. 한국 정부는 내내 부인했지만 2022년 4월부터 미국이 한국 정부에 무기 지원을 요청한 것이 후에 알려졌습니다. 그리고 11월 초 미국의 한 언론은 "미국이 한국에서 곡사포 포탄 10만 발을 구매해 우크라이나에 지원할 것"이라고 보도했습니다. 이에 대해 한국 정부는 "미국을 최종 사용자로 한다는 전제로 협의가 진행되고 있다."면서 "우크라이나에 살상 무기를 지원하지 않는다는 정부 방침에는 변함이 없다."고 말했습니다. 그러나 모든 한국 언론과 전문가는 미국이 우크라이나로 한국 무기를 보낼 가능성이 높다고 했고 정부도 이런 가능성을 알고 있었습니다.

세계는 우크라이나 전쟁이 본격적으로 신냉전 시대를 여는 문이 될 수 있음을 우려했습니다. 우크라이나 전쟁 후 상황이 냉전 시대 미국과 소련이 힘 대결을 하고 세계가 양국의 영향하에 놓인 두 개 진영으로 나뉜 것과 크게 다르지 않았기 때문입니다. 또한 미국의 막대한 군사 지원을 받아 우크라이나가 싸우는 모습은 냉전 시대에 있었던 많은 대리전을 생각나게 했습니다. 물론 우크라이나는 자국 영토를 지키고 탈환하기 위해 전쟁을 했지만 동시에 러시아의 서진을 막고 러시아와 유럽 사이에서 완충 지역으로 남기 위해 미국과 유럽의 대리전을 치른 것도 사실이었습니다.

전쟁의 피해

우크라이나 전쟁은 장기전이 됐습니다. 예상과는 달리 러시아군은 강하지 않았지만 그렇다고 쉬운 상대도 아니었습니다. 우크라이나군은 예상보다 강했지만 영토를 모두 지키지는 못했습니다. 러시아는 우크라이나 영토 일부를 빼앗았고 우크라이나는 빼앗긴 영토를 되찾기 위해 싸웠습니다. 전쟁은 길어질 수밖에 없었습니다. 피해는 말할 수 없이 커졌고 우크라이나 안에서 진행된 전쟁이었으므로 거의 모든 피해는 우크라이나가 입었습니다.

우크라이나가 입은 가장 큰 피해는 모든 전쟁이 그렇듯 인명 피해였습니다. 유엔 인권고등판무관실은 2022년 12월 12일 기준으로 우크라이나 민간인 6,755명이 사망했고 그중 424명이 어린이였다고 밝혔습니다. 부상자는 1만 607명으로 집계했습니다. 그러나 실제 숫자는 훨씬 많을 수 있다고 했습니다. 그런데 11월 초 미군 합참의장은 전쟁으로 4만 명 정도의 민간인이 사망했다고 했습니다. 어느 통계가 정확한지는 알 수 없지만 많은 민간인 사상자가 발생한 건 사실이었습니다. 한 미국 언론은 유출된 기밀문서와 미국 백악관의 집계를 인용해 2023년 2월 28일 기준으로 우크라이나군과 러시아군의 사상자가 36만 명에 이른다고 보도했습니다. 이 중에서 우크라이군 전사자는 1만 6,000명~1만 7.500명이고, 러시아군 전사자는 3만 5,500명~4만 3,500명이었습니다. 이는 1979~1989년 소련의 아프간전쟁 당시 약 1만 5,000명의 소련군이 사망한 것에 비하면 아주 많은 숫자입니다. 양국이 공식적으로 발표한 사상자는 훨씬 적었습니다. 자국 군대가 상대적으로 약하고 피해를 많이 입었다는 사실을 숨기려는 의도였을 겁니다. 우크라이나군의 경우 전쟁 시작 후 징집됐거나 자원입대를 한 사람이 많았기 때문에 그들을 군인 사망자만으로 볼 수는 없었습니다.

전쟁 시작 직후 세계인의 이목을 집중시킨 건 난민이었습니다. 하루아침에 피란민이 된 우크라이나 사람들은 국경을 넘었습니다. 난민은 계속 증가했고 유엔난민기구의 통계에 따르면 2023년 1월 말까지 유럽 국가들이 수용하고 있는 우크라이나 난민은 797만 명이 넘었습니다. 서부 지역의 사람들은 대부분 폴란드, 체코, 불가리아, 슬로바키아, 루마니아 등 가까운 동유럽 국가들로 갔습니다. 2023년 1월 말 기준 폴란드는 156만 명 이상, 체코는 48만 명 이상의 우크라이나 난민을 수용하고 있습니다. 그 외에도 거의 모든 유럽 국가가 수천 명에서 수십만 명까지 우크라이나 난민을 수용하고 있습니다. 특히 독일은 우크라이나와 국경을 맞댄 국가가 아님에도 100만 명 이상을 수용하고 있습니다. 친러시아 지역인 우크라이나 동부 사람들은 러시아로 피란을 가기도 했습니다. 2022년 10월 기준 러시아는 285만 명 이상의 우크라이나 난민을 수용했습니다.

폴란드를 포함한 유럽 국가들은 우크라이나 난민을 진심으로 환영하고 열심히 지원했습니다. 자기 집에 난민을 수용한 사람

반전 시위를 열고 있는 폴란드의 우크라이나 난민(2022년 3월 6일). ©실라르

들도 많았습니다. 유럽 국가 중 우크라이나 난민을 가장 많이 수용한 폴란드는 국민의 77퍼센트가 난민을 돕는 데 참여했고 난민 지원에 쓴 돈이 2021년 한 해 자선 사업에 기부한 돈보다 많았습니다. 그러나 시간이 지나면서 난민 수용은 힘들어졌습니다. 기존의 사회 서비스를 난민과 나누어야 했고 학교는 늘어난 난민 아이들로 인해 포화 상태 이상이 됐습니다. 전쟁으로 물가가 상승하면서 상황은 더 힘들어졌습니다. 겨울이 되자 치솟은 난방비 때문에 집에 더 이상 난민을 수용하지 못하겠다는 사람들이 생겼습니다. 사회 자원과 수용 능력의 한계에 도달한 폴란드, 불가리아 등은 난민 수용 정책을 수정하기 시작했습니다. 전

쟁이 길어지고 난민이 돌아갈 날을 예상할 수 없게 되면서 환대의 분위기는 사라졌고 유럽 국가들에서는 더 이상 난민을 수용해서는 안 된다는 여론이 높아졌습니다. 난민을 많이 수용한 국가들과 적게 수용한 국가들 사이에 갈등도 생겼습니다. 사실 가장 힘든 건 하루아침에 난민이 된 사람들이었습니다. 전쟁을 피해 비교적 안전한 곳에 머물게 됐지만 상황은 좋지 않았습니다. 일자리를 구하는 것도, 아이를 키우는 것도 힘들었고 머물 곳을 구하지 못해서 노숙을 하는 사람들도 있었습니다. 환대가 사라졌음에도 전쟁이 끝나지 않아 고국으로 돌아갈 수도 없는 어려운 상황에 처했습니다.

가장 힘든 시간을 보낸 사람들은 피란을 가지 않은 사람들이었습니다. 피란 시기를 놓친 사람들, 어린 자식들과 먼 길을 갈 수 없었던 엄마들, 움직임이 자유롭지 못했던 노인들, 피란을 떠날 돈이 없었던 사람들은 전쟁의 현장에 남을 수밖에 없었습니다. 그들은 춥고 전등도 없는 지하실에 숨어서 지냈고, 상점이나 시장이 문을 닫아 식품을 구하기도 힘들었습니다. 폭격으로 마을이 파괴되는 것을 봐야 했고 언제 미사일이 자기 집에 떨어질지 몰라 마음을 졸였습니다. 가족이나 이웃이 러시아군의 총에 맞아 죽고 길거리에 시체들이 느는 것을 보면서 생존을 이어 가야 했습니다.

우크라이나에 비할 수는 없지만 러시아, 정확히 말하면 러시아 국민도 피해를 입었습니다. 푸틴은 전쟁의 정당성을 주장하기 위해 러시아의 안전을 위한 전쟁이라고 가짜뉴스를 퍼뜨렸고 정부의 입장과 다른 내용을 전하는 언론인은 15년형에 처하도록 했습니다. 반전 시위를 하는 사람들은 체포됐고 전쟁 상황을 제대로 알 수 없었습니다. 가족조차 병사들이 어디에서 싸우고 있는지, 또는 어떻게 싸우다 죽었는지 알 수 없었습니다. 11월 말한 영국 언론은 전쟁 이후 약 500명의 러시아 언론인이 자유롭게 진실을 알리기 위해 조국을 떠났다고 보도했습니다. 러시아 사람들은 상황을 제대로 알지 못한 채 전 세계의 압박과 경제 제재로 갈수록 어려워지는 일상을 경험했습니다. 무엇보다 가장 큰 피해는 푸틴과 그의 추종자들이 벌인 전쟁으로 많은 젊은이가 목숨을 잃은 것입니다.

전쟁이 길어지면서 우크라이나의 피해는 눈덩이처럼 커졌습니다. 특히 전투가 치열했던 지역은 폐허로 변한 곳이 많았습니다. 우크라이나 총리는 9월 말 인터뷰에서 러시아 침공으로 인한 피해가 7,500억 달러(약 975조 원)가 넘는다고 주장했습니다. 세계은행과 유럽연합 집행위원회는 9월 발표한 공동 보고서에서 우크라이나 재건 비용을 3,490억 달러(약 453조 7,000억 원)로 추산했습니다. 그러나 추산 비용이 나온 이후에도 전쟁이 계속됐기 때문에 비용은 훨씬 높아질 수밖에 없습니다.

우크라이나 전쟁은 21세기에, 그것도 전쟁이 일어날 것 같지 않았던 유럽 한복판에서 일어난 전쟁이었습니다. 전쟁이 일어나기 한참 전부터 징후가 있었기 때문에 어쩌면 막을 수도 있는 전쟁이었습니다. 전쟁이 시작된 이후에도 전쟁을 빨리 끝낼 기회가 있었습니다. 그러나 미국을 포함한 서방 국가들은 러시아를 응징하고 향후 러시아의 무력 사용을 억제하는 데 관심이 있었고, 러시아는 자국이 입을 피해를 계산하지 못한 채 힘을 과시하고 우크라이나를 러시아의 실질적인 지배하에 두는 데만 관심이 있었습니다. 모두가 총력을 다한 전쟁이 장기화되면서 우크라이나, 러시아, 미국 등 모두가 힘든 상황이 됐습니다. 겨울 전투는 힘들었고 우크라이나는 동부 지역을 탈환할 수 있을지 불분명했습니다. 무엇보다 우크라이나 사람들은 전쟁 속에서 고통스럽게 추운 겨울을 지내야 했습니다. 미국은 우크라이나에 지원할 탄약 등이 바닥났고 '지원 피로감'을 느꼈습니다. 미국을 포함한 서방 국가들은 평화협상의 가능성을 언급하며 은근히 우크라이나를 압박하기도 했습니다. 그러나 우크라이나는 영토를 회복할 때까지 전쟁을 계속할 수밖에 없다는 입장이고, 러시아는 뺏은 영토를 돌려줄 수 없다는 입장을 고수했습니다.

우크라이나 전쟁, 세계 경제난으로

　　러시아의 침공으로 시작된 우크라이나 전쟁은 곧 전 세계에 큰 영향을 미쳤습니다. 그중 가장 심각한 것이 곡물 가격의 상승이었습니다. 러시아와 우크라이나는 세계 밀 공급의 30퍼센트를 차지하고 있었습니다. 그런데 전쟁으로 밀 수출에 차질이 생겼습니다. 우크라이나는 러시아가 밀 수출길을 막는 바람에, 러시아는 국제 사회의 경제 제재로 밀 수출을 하지 못하게 됐습니다. 이런 상황은 곧장 세계 밀 가격에 영향을 미쳤습니다. 전쟁이 시작되고 한 달여 만에 세계 밀 가격은 20~50퍼센트 올랐습니다. 일부 아프리카 지역에서는 밀 가격이 60퍼센트까지 상승했습니다. 세계식량농업기구(Food and Agricultural Organization: FAO)는 1990년 이래 곡물 가격이 최고치를 기록했다고 밝혔습니다.

　　80~90퍼센트의 밀을 러시아와 우크라이나에서 수입하던 튀르키예, 레바논, 이집트, 몽골, 에리트레아, 소말리아 등은 큰 타격을 받았습니다. 레바논에서는 밀가루 가격이 1,000퍼센트까지 치솟기도 했습니다. 2020년 항구 폭발◆로 곡물 저장고를 잃

◆ 2020년 8월 4일 레바논 베이루트 항구에서 발생한 대형 폭발 사건이다. 물류창고에 보관되어 있던 2,750톤의 질산암모늄이 폭발한 이 사고로 200명 이상의 사망자와 7,000명 이상의 부상자가 발생했다. 뿐만 아니라 항구에 있던 곡물 창고들이 파괴되어 식량난이 가중되었다.

어서 한 달 분량의 재고밖에 없었기 때문입니다. 밀가루 가격 급등으로 빵 생산에 차질이 빚어졌고 빵가게 앞에는 매일 긴 줄이 생겼습니다. 이라크, 수단, 예멘, 시리아, 레바논 등에서는 식품 가격 상승으로 시위가 일어나기도 했습니다. 특히 예멘, 시리아, 남수단, 에티오피아, 아프가니스탄 등은 오랜 무력 분쟁으로 국제 사회의 지원에 의존하고 있었기 때문에 큰 타격을 입었습니다. 세계식량계획(WFP)이 지원 식량의 50퍼센트를 우크라이나에서 구매해 왔기 때문입니다.

전쟁이 장기화되면서 2023년에도 식량난이 이어질 수 있다는 암울한 전망이 나왔습니다. 우크라이나 농부들은 전쟁으로 인해 파종 시기를 놓쳤고 파종 가능한 농지와 일할 사람도 줄었습니다. 또한 연료 대부분이 무기에 쓰여서 농기계를 움직일 연료도 구하기 힘들었습니다. 미국, 캐나다, 프랑스, 호주, 아르헨티나 등 곡물을 많이 생산하는 국가들이 있지만 갑자기 식량 생산을 늘리는 것이 쉽지 않았습니다. 전쟁으로 연료비와 비료 가격이 급등했기 때문입니다. 러시아는 세계 최대 비료 수출국으로 전세계 수출량의 15퍼센트를 차지하고 있었습니다. 러시아는 비료 수출을 중단했고, 다른 한편 경제 제재로 수출이 어려워지기도 했습니다. 벨라루스 또한 비료를 많이 수출하는 국가인데 러시아의 동맹인 관계로 역시 수출에 제한을 받았습니다. 이런 이유로 세계 시장의 비료 가격은 40퍼센트나 급등했습니다. 비료

값 급등은 전 세계 농민들에게 큰 타격이 됐습니다.

우크라이나 전쟁으로 식용유 가격도 급등했습니다. 우크라이나는 세계 해바라기유 공급의 46퍼센트를, 러시아는 23퍼센트를 차지했는데 전쟁으로 수출이 막혔습니다. 러시아는 우크라이나의 해바라기유 저장고를 폭파하기도 했습니다. 해바라기유 수출이 줄자 시장에 식용유 공급이 줄었고 그 결과 모든 식용유의 가격이 상승했습니다. 팜유 최대 수출국인 인도네시아는 세계 식용유 공급이 불안해지자 자국 사용을 위해 팜유 수출을 금지했습니다. 이 또한 식용유 가격 인상에 영향을 줬습니다. 기본적인 식재료인 밀가루와 식용유 가격이 오르자 거의 모든 식품 가격이 올랐습니다. 국제통화기금(IMF)은 2022년 9월 말에 낸 보고서를 통해 세계가 2008년 세계 금융 위기 이후 최악의 식량난에 직면했다고 했습니다. 전 세계 48개 국가가 식량 부족을 겪고 있고 약 3억 5,000만 명이 생존을 좌우하는 식량 부족을 겪고 있다고 했습니다.

전 세계의, 특히 빈곤국의 식량난이 심각해지자 유엔은 튀르키예와 함께 우크라이나와 러시아의 곡물 수출 협상을 진행했습니다. 수개월 동안의 협상을 거쳐 마침내 2022년 7월 22일 이스탄불에서 양국이 수출 합의서에 서명했습니다. 수출은 러시아, 우크라이나, 튀르키예, 유엔이 공동으로 감시하기로 했습니다. 합의에는 우크라이나의 곡물 수출과 러시아의 식품 및 비료 수출이 포함됐습니다. 이로써 120일 동안 흑해의 세 개 항구를 통한 우크라이나의 옥수수, 밀, 해바라기유 등의 수출이 가능하게 됐습니다. 세계는 식량 위기를 조금 완화할 수 있게 됐습니다. 합의 연장을 두고 유엔은 러시아와 협상을 벌였지만 러시아는 많은 국가의 경제 제재로 러시아 식품과 비료 수출이 여전히 이뤄지지 않고 있다고 불만을 표했습니다. 이런 이유로 합의 연장에 대한 우려가 커졌는데 다행히 이 합의는 기한 만료를 앞두고 120일 연장됐습니다. 2023년 3월에 1차 연장 만료 18일을 앞두고 2차 연장에 합의했습니다. 그러나 서방 국가들이 여전히 러시아 농산물 및 비료 수출을 방해하고 있다는 러시아의 불만으로 연장 기간은 60일로 정해졌습니다. 러시아는 향후 상황을 지켜보겠다고 했습니다. 곡물 수출이 재차 연장됐지만 전쟁의 지속으로 곡물 수출과 생산이 완전히 회복되지 않았고 세계 식량난이 언제 해결될지는 알 수 없습니다. 빈곤국과 빈곤층이 직면한 어려움은 계속됐습니다.

우크라이나 전쟁은 다른 무력 분쟁과는 달랐습니다. 국가 사이의 전쟁이었고, 특히 러시아라는 강대국의 침공으로 시작됐고 미국이라는 또 다른 강대국이 전폭적으로 지원한 전쟁이었습니다. 국제 사회에서 가장 큰 영향력을 가진 국가들이 외교와 대화가 아니라 무력을 선택했고 지지하는 국가들 역시 무력 사용에만 주력함으로써 우크라이나는 물론 세계가 어려움에 빠졌습니다.

우크라이나 전쟁은 새롭지는 않지만 두 가지를 재확인해 주었습니다. 하나는 어떤 상황에서든 최선을 다해 전쟁을 막아야 한다는 점이고, 다른 하나는 세계가 운명 공동체라는 점입니다. 그러므로 전쟁은 빨리 끝내는 게 최선이고 그러기 위해 무기를 지원할 것이 아니라 총력을 다해 평화회담을 주선하고 지원해야 한다는 것을 보여 주었습니다. 인류의 생존을 위해 전쟁이 아니라 평화가 필요하다는 점도 재확인해 주었습니다. 신냉전 시대에 직면한 지금 세계 평화를 위해 세계 시민의 관심, 감시, 지혜, 그리고 무엇보다 평화에 대한 공감대가 필요하다는 점도 확인해 주었습니다.

9

무력 분쟁의 얼굴과 영향
소수의 권력욕과 무고한 다수의 피해

소수의 결정, 전 사회의 피해

　세계 곳곳에서 무력 분쟁이 계속되고 있지만, 무력 분쟁에 관심을 가지는 사람은 많지 않습니다. 사람들이 무력 분쟁에 관심을 가지는 경우는 대규모 인명 피해가 발생했거나 무력 분쟁이 자국의 정치나 경제와 관련되어 있을 때입니다. 우리 사회도 어느 곳에서 무력 분쟁이 생기거나 악화되면 그곳에 있는 한국인과 한국 기업의 안전에 가장 먼저 관심을 가집니다. 다음으로 우리 정치와 경제에 미칠 영향을 걱정합니다. 무력 분쟁에 직면한 사회와 그곳 사람들이 겪는 어려움, 그리고 그들의 생존 문제에 대해서는 그다지 관심을 가지지 않습니다. 대부분 세계 뉴스의 하나 정도로 취급하거나 무력 분쟁에서 흔히 일어날 수 있는 일로 생각합니다.

많은 사람이 무력 분쟁을 겪는 국가를 부정적인 시선으로 바라봅니다. 그 국가의 국민을 사회 문제를 제때 해결하지 못한 무능한 사람들로 생각합니다. 물론 무력 분쟁이 있는 국가에는 많은 문제가 있고 사회가 분쟁이 생기기 전에 문제를 제대로 다루지 못한 건 맞습니다. 그러나 그것이 국민 전체를 비난할 핑계는 되지 않습니다. 대부분의 무력 분쟁이 권력을 가진 몇 사람, 또는 특정 집단의 권력욕에서 시작되기 때문입니다. 그들의 욕심을 막을 수 있는 정치적, 사회적 체계와 절차, 그리고 문화를 갖추지 못한 것이 문제이긴 합니다. 그렇더라도 그 잘못을 열악한 환경 속에서 매일 열심히 산 사람들에게 돌리는 건 타당하지 않습니다. 한 국가가 제대로 작동하지 않고 몇 사람, 또는 소수 집단이 마음대로 권력을 휘두르는 데는 여러 원인이 있는데 그것을 하루아침에, 또는 일반 국민의 힘으로 해결하기는 힘듭니다. 또 매일 생존을 위해 고군분투하는 평범한 사람들에게는 솔직히 그럴 여력이 없습니다. 그러니 그들을 무능한 국민으로 취급하는 건 온당치 않습니다. 그들은 자기 힘으로 어쩔 수 없는 상황에서 피해자가 된 사람들입니다.

무력 분쟁의 가장 큰 원인은 독재, 부패, 불안한 정치 등입니다. 거기에 더해 특정 지역이나 민족에 대한 차별과 억압으로 집단 사이 갈등이 있을 때 무력 분쟁이 생깁니다. 그렇지만 그런 문제와 갈등이 있다고 항상 무력 분쟁이 생기는 건 아닙니다. 그렇다면 무엇이 무력 분쟁 상황을 만드는 것일까요? 그에 대한 답은 '무력'이라는 단어에서 찾을 수 있습니다. 정치 불안이나 집단 사이의 갈등은 어느 사회에나 있을 수 있습니다. 그런데 특정 지도자나 집단이 무력에 기대 해결책을 찾는 선택을 하면 무력 충돌이 생기고 그것이 잦아지고 길어지면 무력 분쟁 상황이 됩니다. 그리고 그런 선택은 무기가 충분할 때 가능합니다. 즉 무기를 구하기 쉽고 국내에서든 해외에서든 무기가 계속 공급될 수 있는 환경에서 무력 분쟁이 생기고 지속됩니다.

무력 분쟁이 생기는 또 다른 이유는 무력 사용을 선택하는 태도와 행동입니다. 그런 태도와 행동은 군사 쿠데타와 군사 독재, 그에 대한 무장 집단의 저항 등이 오랜 기간 지속되거나 반복됐던 사회에서 흔히 나타납니다. 무력에 기대지 않고는 독재의 종식, 정치 변화, 억압과 차별의 종식, 새로운 사회의 건설 등이 가능하지 않다고 주장하는 사람들이 등장하고, 그런 주장이 실행에 옮겨지면 무력 충돌이 생깁니다. 그런데 무력 사용과 실행을 결정하는 사람들은 소수입니다. 그들은 자신들의 결정을 정의 실현과 변화를 위한 불가피한 선택이라고 정당화합니다. 물론 그들을 지지하는 사람들도 있습니다. 그러나 무력 분쟁이 길어지는 상황에서 사람들이 지지를 철회해도 이미 시작된 무력 분쟁은 끝나지 않습니다. 무력 사용을 결정한 사람들은 시간이 지나면서 자신들이 비난했던 독재자나 정권과 똑같이 사람들을 억압하고 공포 분위기를 만듭니다. 이기기 위해 전쟁 범죄도 저지릅니다.

무력 분쟁은 권력을 장악한 사람과 지지자들, 또는 권력을 장악하려는 사람과 지지자들에 의해 시작됩니다. 때로는 국가가 문제 해결을 위해 '합법적으로' 무력 사용을 결정하기도 합니다. 그러나 중요한 문제는 무력 사용이 합법적인지 아닌지가 아니라 그런 결정이 한 사람, 또는 소수에 의해 이뤄진다는 점입니다. 무력 분쟁은 국가 사이에 생기든, 정부와 무장 집단 사이에 생기든, 또는 무장 집단들 사이에 생기든 전투가 벌어지는 곳에 사는 모두에게 영향을 미칩니다. 그런데도 한 사람, 또는 소수가 결정하는 건 논리적이지도 도덕적이지도 않습니다. 설사 합법적이라해도 말입니다. 이런 무력 분쟁으로 다수의 무고한 사람들은 피해를 입고 권력을 잡은 소수의 사람들은 이익을 얻습니다.

비슷하면서 다른 무력 분쟁

국가 내에서 발생하는 무력 분쟁은 흔히 정부와 반정부 무장 집단이 싸우는 형태입니다. 그런데 그런 경우라 할지라도 속을 들여다보면 상황이 다릅니다. 독재자에 반대하는 무력 저항이 있기도 하고, 특정 민족이나 부족을 억압하고 차별하는 정부와 통치자에 반대하는 무력 저항이 있기도 합니다. 어떤 경우는 두 가지가 섞여 있기도 합니다. 또는 한 국가가 다른 국가를 침공하고 침공받은 국가 내에서 무력 분쟁이 계속되기도 합니다. 어떤 경우든 전투가 벌어지는 곳에 사는 사람들이 가장 큰 피해를 입습니다. 국가 사이 무력 분쟁의 경우 침공한 국가의 국민은 아무런 피해를 입지 않고 일상생활을 유지하기도 합니다.

미얀마, 소말리아, 시리아, 예멘의 사례는 정부와 반정부 세력 사이의 무력 분쟁입니다. 무력 분쟁은 오랜 독재, 군사 쿠데타, 정치적 불안과 생활고 등 여러 문제 때문에 정부에 대한 국민의 반감과 저항이 높아진 데서 비롯됐습니다. 그런데 미얀마의 사례는 나머지 사례들과 다릅니다. 미얀마는 군부가 쿠데타로 민간 정부를 몰아내고 정권을 장악하자 국민이 그에 저항하면서 시작됐습니다. 무력 분쟁은 군사 정부와 민간 정부를 복귀시키려는 반정부 세력 및 그들을 지지하는 국민 사이에 계속되고 있습니다. 시리아의 무력 분쟁은 미얀마와 비슷한 것 같지만 오랫동안 지속된 가족 독재 정권에 대한 저항에서 시작됐고 이제는 반정부 무장 집단이 자기 지역을 지키려고 하면서 계속되고 있습니다. 예멘과 소말리아의 사례는 정부와 반정부 무장 집단 사이의 무력 분쟁이면서 동시에 정부, 그리고 민족과 부족을 배경으로 한 무장 집단 사이의 무력 분쟁이기도 합니다. 에티오피아의 무력 분쟁은 정부와 특정 지역 사이의 무력 분쟁이지만 민족 분쟁의 성격도 가지고 있습니다.

이 사례들을 통해서 두 가지를 알 수 있습니다. 하나는 정권을 잡고 정부를 구성한 것만으로 통치의 정당성을 인정받을 수는 없다는 것입니다. 쿠데타로 정권을 잡거나, 장기 집권을 하거나, 독재 정치를 한다면 설사 합법성을 갖췄다 해도 국민으로부터 인정을 받지 못하고 저항에 직면할 수밖에 없습니다. 다른 하나는 자기 민족이나 부족의 이익 추구가 무력 분쟁의 원인이 되는 경우가 많다는 것입니다. 그런데 민족이나 부족 사이의 이익 충돌과 갈등이 정말 무력 분쟁의 근본적인 원인일까요? 민족이나 부족에 대한 억압과 차별이 극심한 경우에는 그럴 수 있지만 사실 권력을 잡거나 이익을 취하려는 사람들이 민족이나 부족을 핑계로 삼는 경우가 많습니다. 그러니 권력이나 이익에 대한 욕심이 근본적인 원인이라고 볼 수 있습니다.

어떤 것이 원인이 됐든 무력 분쟁은 정치와 사회를 바로잡고 억압과 차별을 없애는 방법으로 적절하지도 효과적이지도 않습니다. 모든 무력 분쟁은 항상 사회를 파괴하고 많은 사상자를 낳습니다. 무력 분쟁을 겪은 사회는 발전하기 힘들고 때로는 수십 년씩 후퇴하기도 합니다. 정부에서든 무장 집단에서든 권력을 잡은 사람들만 이익을 얻습니다.

아프가니스탄, 우크라이나, 팔레스타인의 사례는 국가 사이 무력 분쟁이라는 점에서 다른 사례들과 다릅니다. 팔레스타인은 정식 국가는 아니지만 국가와 유사한 형태로 볼 수 있습니다. 아프가니스탄과 우크라이나 사례는 미국과 러시아라는 세계 최강국들의 침공이 있었다는 특징이 있습니다. 팔레스타인 사례는 무력 분쟁의 당사자인 이스라엘을 미국이 전폭적으로 지원하고 있다는 특징이 있습니다. 이런 강대국의 영향 때문에 국제 사회가 개입해 무력 분쟁을 완화하거나 휴전을 모색하는 데 어려움이 있습니다. 동시에 그런 이유로 국제 사회의 관심이 더 필요했지만 강대국의 힘을 뛰어넘을 만큼 관심이 높지도 꾸준하지도 않았습니다. 오히려 많은 국가가 강대국에 협력했습니다.

이 책의 사례들을 통해 볼 수 있는 점 중 하나는 이슬람 무장 집단이 연루된 무력 분쟁이 많다는 겁니다. 이런 사실로 인해 이슬람과 이슬람 신자들에 대한 편견이 생길 수도 있습니다. 그런데 이 책의 사례들은 세계 무력 분쟁 중 일부일 뿐이고 이슬람 신자가 많은 국가에서 일어난 무력 분쟁이 사례로 선택됐을 뿐입니다. 이슬람 신자가 많은 국가이기 때문에 이슬람 무장 집단이 있을 수밖에 없습니다. 또한 이슬람 신자가 많은 국가들이 지리적, 전략적으로 중요한 지역에 위치해 있고, 그런 이유로 여러 국가가 개입하면서 무력 분쟁이 생기고 악화된 면이 있습니다. 세계 곳곳에서 계속되고 있는 무력 분쟁의 당사자들은 정부든 무장 집단이든 다양한 종교적 배경을 가지고 있습니다.

권력욕과 패권주의

　대부분의 무력 분쟁은 권력을 잡은 사람들, 또는 권력을 잡고 싶은 사람들의 욕심에서 비롯됩니다. 권력을 잡은 사람들은 권력을 유지하거나 더 많은 권력을 얻길 원하고, 권력을 잡고 싶은 사람들은 새로운 사회에서 새로운 권력자가 되기를 원합니다. 그들은 자신의 욕심을 다른 사람들이 원하는 것으로 포장합니다. 그래서 정치 개혁, 부패 척결, 경제 개발, 억압과 차별 중단 등을 명분으로 내세웁니다. 그들을, 그리고 무력 사용까지 지지하는 사람들이 있지만 무력을 동원하지 않는 방식을 원하는 사람들도 있습니다. 그렇지만 그런 의견을 묻지도 고려하지도 않습니다. 무장 집단뿐 아니라 국가도 마찬가지입니다. 한 사람, 또는 몇 사람이 사회를 통제하는 권력을 얻고 자신이 원하는 방식으로의 변화를 위해 무력을 동원하고 사람들의 삶을 파괴하는 결정을 합니다.

　정부와 통치자는 권력을 강화하기 위해, 그리고 반정부 무장 집단이나 민족과 부족 세력에 기반한 무장 집단은 권력을 빼앗거나 자기 권력을 확대하기 위해 무력 분쟁을 선택했습니다. 그들은 자신들이 원하는 것을 국민, 또는 민족이나 부족 전체가 원하는 것이라고, 또 무력 사용이 유일한 방법이라고 주장했습니다.

평화의 눈으로 본
세계의 무력 분쟁

국가 사이 무력 분쟁도 다르지 않았습니다. 팔레스타인을 지배하고 나아가 빼앗으려는 이스라엘 정부와 정치인들의 욕심, 우크라이나 영토 일부를 빼앗고 우크라이나를 자국의 지배하에 두고 싶은 러시아와 푸틴의 욕심 때문에 무력 분쟁이 생겼습니다. 전략적으로 중요한 아프가니스탄에 대한 영향력을 유지하고 싶었던 소련의 욕심, 아프가니스탄 정권을 교체하고 자신들이 원하는 국가를 세우고 싶었던 미국의 욕심이 무력 분쟁의 원인이 됐습니다. 그것이 자국의 번영과 안전을 위한 것이라고 자국민을 설득했고 정의로운 일이라고 주장했습니다. 그러나 무력 분쟁은 오히려 직접적, 간접적으로 자국민의 안전을 해치고 장기적으로 정치적 불안을 가져와 국가 발전에 도움이 되지 않았습니다. 모두가 지지하는 보편적인 정의가 아니라 무력 분쟁을 합리화하는 거짓 정의였습니다.

많은 무력 분쟁이 외국의 무기 지원과 개입으로 복잡해지고 장기화됐습니다. 가까운 혹은 먼 곳의 국가가 군사적으로 개입한 이유는 무력을 이용해 자국의 영향력을 넓히려는 패권주의 때문이었습니다. 소말리아 내전에는 에티오피아가 개입했고 미국은 2000년대 중반부터 테러와의 전쟁을 명분으로 개입했습니다. 에티오피아 내전에는 에리트레아가 개입했습니다. 예멘 내전에는 사우디아라비아와 아랍 국가들, 그리고 이란이 개입해 막대한 군사적 지원을 했습니다. 시리아 내전은 외국의 개입으로 아주 복잡해졌습니다. 이란, 이스라엘, 튀르키예 등 인접한 국가들은 물론 러시아, 미국, 영국, 프랑스까지 직접 전투에 참여했습니다. 그 결과 시리아 내전은 국제전이 됐습니다.

미국과 서방 국가들은 우크라이나에 막대한 양의 무기를 지원했습니다. 아프가니스탄의 경우에는 실제로는 미국의 전쟁이었는데 대테러 전쟁이라는 이유로 많은 국가가 군사적 지원과 협력을 했습니다.

잘 드러나지 않는 외국의 지원이 무력 분쟁을 지속하는 결정적 역할을 하기도 했습니다. 미얀마의 경우 중국의 지지가 쿠데타로 정권을 잡은 군사 정부의 지속에 결정적인 역할을 했습니다. 팔레스타인의 경우는 이스라엘에 대한 미국의 지지가 이스라엘의 안하무인식 국제법 위반, 팔레스타인에 대한 억압과 차별, 그리고 무력 지배와 공격의 든든한 방패막이가 됐습니다. 우크라이나 전쟁의 경우에는 미국과 서방 국가들의 전폭적 지지와 러시아에 대한 경제 제재 등이 중요한 역할을 했습니다. 이런 지원은 우크라이나를 돕기 위해서였지만 동시에 자국의 이익을 위한 것이었습니다.

타국의 무력 분쟁에 외국이 개입하는 가장 큰 이유는 해당 지역이나 세계에서 영향력을 유지하거나 강화하기 위해서입니다. 보통은 자국 안보에 위협이 된다는 핑계를 대지만 그 속내를 보면 군사적 지원을 통해 현 상태를 유지하거나 자신들이 원하는 방향으로 지역 정치를 바꾸려는 의도가 숨어 있습니다. 자국의 지원과 개입으로 무력 분쟁이 치열해지고 장기화되는 것, 그리고 인명 피해가 커지고 사회가 파괴되는 것은 아랑곳하지 않습니다.

인도주의적 재난

국가 사이 전쟁, 국가 안의 내전, 또는 일시적 무력 충돌 등 무력 분쟁의 여러 모습을 통해 우리가 흔히 상상하는 건 군인이나 무장 대원들의 사망과 부상입니다. 그런데 실제 상황은 전혀 다릅니다. 대다수 무력 분쟁에서 민간인 사상자가 훨씬 많이 발생합니다. 민간인 사상자가 적은 경우는 국가 사이 일시적 무력 충돌이 있을 때뿐입니다.

국제 사회의 감시 때문에 국가는 되도록 민간인 피해가 생기지 않도록 신경을 쓰고 조심합니다. 하지만 이 책의 사례들은 반대 상황을 보여 줍니다. 미국의 침공으로 시작된 아프간전쟁에서는 민간인 사상자가 훨씬 많았습니다. 미군을 포함한 연합군의 오폭으로 인한 사망자도 많았습니다. 미국의 침공으로 시작된 전쟁이었기 때문에 미군이 직접 살상하지 않았어도 민간인 피해에 대한 미국의 책임은 면할 수 없습니다. 이스라엘은 팔레스타인의 하마스와 무력 충돌이 있을 때마다 가자지구에 무차별 공격을 퍼부었고 어린이를 포함해 많은 민간인 사상자를 냈습니다. 타국의 내전에 개입한 국가들도 민간인 보호에 크게 신경을 쓰지 않았습니다. 시리아 내전에 개입한 러시아, 에티오피아 내전에 개입한 에리트레아, 예멘 내전에 개입한 사우디아라비아를 포함한 아랍 국가들 모두 민간인 보호에는 관심이 없었고 오히려 민간인에게 많은 전쟁 범죄를 저질렀습니다. 이 국가들은 국제 사회의 비난이 있을 때마다 반정부 무장 집단이나 테러 집단을 공격한 것이지 민간인을 겨냥한 적은 없었고 단순한 오폭이었다고 주장했습니다.

가장 많은 민간인 사상자를 내는 경우는 내전입니다. 정부와 반정부 무장 집단 사이 전쟁의 경우 서로 반대편이 장악한 지역 전체를 공격합니다. 정부는 반군 지역의 사람들도 자국민이니 보호할 의무가 있고 국제법도 따라야 하지만 반군이라는 이유로, 또는 반군을 지지한다는 이유로 무차별 살상을 합니다. 소말리아, 시리아, 에티오피아, 예멘 내전에서 정부군의 고의적이고 무차별적인 공격으로 많은 민간인 사상자가 발생했습니다.

무장 집단 사이의 싸움에서는 훨씬 많은 민간인 사상자가 발생합니다. 무장 집단들은 국제 사회의 감시나 비판에 신경을 쓰지 않습니다. 그들은 수단과 방법을 가리지 않고 상대를 이기고 지역을 장악하는 것에만 관심이 있습니다. 상대편 지역의 민간인을 공격하고 학살을 자행합니다. 무장 집단들은 장악한 지역의 주민을 억압하고 세금을 강제로 징수하고 명령을 따르도록 위협합니다. 또한 강제 징집을 통해 병사를 충당합니다. 징집당한 병사들과 민간인의 경계는 모호하고 사망과 부상의 경우 민간인 사상자가 아니라고 단언하기 어렵습니다.

생명 손실과 부상 외에도 무력 분쟁이 있는 곳의 주민들은 일상생활을 이어 가기 힘듭니다. 전투가 격렬해지면 주택은 물론 학교, 병원, 시장, 식품점 같은 필수 시설까지 공격을 받고 전기, 수도, 통신망이 끊기기도 합니다. 전투가 소강상태일 때는 신체적 안전은 보장되지만 무너진 주택이나 사회기반 시설은 쉽게 복구되지 않습니다. 삼엄하고 위협적인 분위기 때문에 항상 조심해야 하고 장악하는 집단이 바뀔 때마다 학살과 고문 등의 피해를 입습니다.

전투가 벌어지면 많은 사람이 고향을 떠나 안전한 지역으로 이동을 합니다. 이들을 보통 국내 이주민(internallly displaced people)이라고 부릅니다. 무력 분쟁이 오래 계속되는 사회에는 이런 이주민이 많습니다. 삶의 기반을 잃고 다른 곳에 정착하는 건 쉬운 일이 아니어서 이주민들은 조금 안전해지면 살던 곳으로 돌아가곤 합니다. 하지만 무력 분쟁이 길어지면 영원히 돌아가지 못할 수도 있습니다. 무력 분쟁이 고착되고 정치적 신념, 종교, 민족 등이 다르다는 이유로 핍박이 가해지거나 사회가 회복

불가능한 상황이 되면 완전히 고국을 떠나는 사람들도 생깁니다. 국경과 가까운 지역에 사는 사람들은 제일 먼저 이웃 국가로 피란을 떠납니다. 이주민과 난민의 발생은 무력 분쟁에 항상 뒤따르는 인도주의적 재난입니다.

유엔난민기구는 매년 전 세계 이주민과 난민에 관련된 보고서를 냅니다. 2023년 6월에 발표된 연례 보고서에 따르면 2022년 말 기준 국내 이주민, 난민, 난민 자격 신청자 등 강제로 고향과 고국을 떠난 사람의 수는 약 1억 840만 명으로 2021년의 약 8,930만 명보다 1,910만 명이 늘었습니다. 유엔난민기구가 통계를 낸 이후 1년 동안 가장 많이 증가한 수치입니다. 우리나라 전체 인구의 두 배가 넘었습니다. 이 중 약 580만 명은 팔레스타인 난민, 그러니까 이스라엘 건국 때부터 난민이 된 사람들과 그들의 후손들입니다. 난민이 생기는 가장 큰 이유는 전쟁입니다. 세계에서 난민을 가장 많이 만든 국가는 시리아였고, 그다음은 우크라이나, 아프가니스탄 순이었습니다. 세 국가 출신의 난민이 전체 난민의 52퍼센트를 차지했습니다.

전쟁 이외의 이유로 이주민을 가장 많이 만든 나라는 베네수엘라였습니다. 베네수엘라 이주민은 불안하고 부패한 정치, 경제 문제와 실업난 등으로 고국을 떠났는데 경제적 이유에 의한 이주민은 난민으로 인정되지 않습니다. 그래서 이들은 난민과는 구분됩니다. 이주민과 난민을 많이 발생시킨 상위권 국가에는 속하지 않았어도 이 책에서 다룬 모든 무력 분쟁은 수만에서 수백만 명까지의 국내 이주민과 난민을 발생시켰습니다.

2022년에 난민이 급증한 가장 큰 이유는 우크라이나 전쟁 때문이었습니다. 2023년 1월 말 기준 우크라이나 국경을 넘어 유럽 국가들로 피란을 떠난 우크라이나 사람들은 797만 명이 넘었습니다. 이들은 유럽 국가들에서 일시적 보호조치를 받고 있습니다.

2022년 한 해 동안 고향이나 고국으로 돌아간 이주민은 약 600만 명이었습니다. 그런데 그중 약 570만 명이 국내 이주민이었고 귀환한 난민 수는 33만 9,300명이었습니다. 적지 않은 숫자지만 이것은 자국에서 무력 분쟁이 계속되거나 돌아갈 수 있을 만큼 상황이 안전하지 않았음을 말해 줍니다.

무력 분쟁은 생명 손실, 이주민, 난민과 관련된 인도주의적 재난 외에도 경제 상황과 식량 사정을 악화시킵니다. 광범한 기근 상황을 만들기도 합니다. 무력 분쟁이 있는 많은 국가의 경제 상황이 좋지 않습니다. 열악한 경제 상황은 보통 무력 분쟁의 원인 중 하나이자 결과입니다. 무력 분쟁이 있는 국가 중에는 세계 최빈국으로 분류된 국가도 있습니다. 이런 상황에서 무력 분쟁이 생기면 경제 활동이 더 위축되고 당연하게 최악의 상황이 됩니다. 기후 변화로 인한 자연재해가 겹쳐 기근 상황이 발생하기도 합니다. 소말리아가 대표적인 사례입니다. 아프가니스탄, 시리아, 에티오피아, 예멘 등도 기후 변화로 인한 반복적인 가뭄으로 식량 사정이 악화되고 있습니다. 무력 분쟁이 없었다면 기후 변화로 인한 재난에 더 잘 대응하고 식량 사정이 악화하는 걸 막을 수도 있었을 겁니다. 계속되는 무력 분쟁으로 정부가 제대로 작동하지 않고 농업과 상업 등 안정적인 경제 활동이 어려웠기 때문에 많은 사람이 생존의 위기에 놓이게 됐습니다. 이 또한 무력 분쟁으로 인한 인도주의적 재난입니다.

무력 분쟁과 전쟁 범죄

'전쟁은 지옥이다(War is hell).'라는 말이 있습니다. 전쟁에서는 인간이 인간을 죽이고 인간 사회를 파괴하는 일이, 나아가 서로 죽이고 파괴하기 위해 '최선'을 다하는 일이 벌어지기 때문입니다. 그러나 그런 지옥 같은 전쟁에서도 지켜야 할 규칙이 있습니다. 설사 침공에 대응한 방어적인 전쟁이라 할지라도 복수를 위해 무차별 학살을 하거나 승리를 위해 의도적으로 민간인에게 피해를 주는 행위를 해서는 안 됩니다. 이런 행위는 전쟁 범죄(war crimes)로 취급됩니다. 국가 사이의 전쟁이든 국가 내 내전이든 모든 무력 분쟁에서 일어난 일은 전쟁 범죄의 기준으로 판단될 수 있습니다.

국제형사재판소(International Criminal Court)의 「로마규정 (Rome Statute)」은 무엇이 전쟁 범죄에 해당하는지 상세히 설명하고 있습니다. 국제형사재판소는 집단학살(genocide), 반인류 범죄(crimes against humanity), 전쟁 범죄, 침략 범죄(crime of aggression)를 다루는데 그러기 위해서는 각 범죄에 대한 상세한 규정이 필요하기 때문입니다. 「로마규정」은 1998년 7월에 채택됐고 2002년 7월부터 발효됐습니다. 2019년 11월 기준 123개국이 「로마규정」을 비준했고 한국은 2002년 11월 8일 국회에서 비준했습니다.

「로마규정」에 따르면 전쟁 범죄에 해당하는 행위는 고의적인 살인, 고문이나 비인간적인 취급, 고의적인 고통 유발과 상해, 광범위한 파괴와 재산의 착복, 위법적인 추방과 억류, 납치 등입니다. 민간인과 민간 시설에 대한 의도적이고 직접적인 공격, 민간인이나 민간 시설 보호를 위한 인도주의적 지원이나 평화유지 활동과 관련된 인력, 시설, 물자, 차량 등에 대한 의도적이고 직접적인 공격도 전쟁 범죄에 해당합니다. 군사 시설이 아닌 민간 지역, 마을, 거주지 등에 대한 공격과 폭격, 그리고 종교, 교육, 예술, 과학, 자선 활동, 역사적 기념물, 병원 등에 대한 의도적이고 직접적인 공격도 전쟁 범죄로 취급됩니다. 점령한 지역과 마을의 약탈, 독성 무기의 사용도 전쟁 범죄입니다. 「로마규정」은 그 외에도 전쟁 범죄에 해당하는 여러 행위를 상세하게 설명하고 있습니다. 전쟁 범죄에 해당하는 행위를 한 사람은 국제형사 재판소에 기소돼 재판을 받을 수 있습니다.

아주 유감스럽게도 이 책에서 소개한 모든 사례에서 전쟁 범죄를 찾을 수 있습니다. 시리아와 에티오피아 정부, 미얀마의 군사 정부는 자국민에게 대량 학살의 전쟁 범죄를 저질렀습니다. 시리아 정부는 화학무기를 사용하기도 했습니다. 소말리아, 아프가니스탄, 예멘, 이스라엘 정부 등은 민간인 보호 조치를 취하지 않았고 그로 인해 수많은 민간인 사상자가 발생했습니다. 이스라엘의 팔레스타인 가자지구 공습과 폭격, 하마스의 이스라엘 공격 모두 민간인에 대한 무차별 공격이었습니다. 러시아와 에리트레아는 각각 시리아 내전과 에티오피아 내전에 개입해 민간인에게 무차별 공격을 퍼붓고 학살했습니다. 러시아는 우크라이나 전쟁에서 민간인에게 고문, 학살, 강간을 자행했습니다. 민간인을 겨냥한 무장 집단들의 전쟁 범죄는 더 심했습니다. 무장 집단들에게는 민간인 보호가 의미 없는 말이었고 오직 전투에서의 승리와 지역 장악을 위해 무차별로 민간인을 공격하고 학살했습니다. 중대한 전쟁 범죄 중 하나는 고의적으로 적 진영의 주민들을 고립에 빠뜨리고 생존을 위협하는 것입니다. 소말리아의 무장 집단들은 민간인에게 식량을 지원하는 국제 사회의 인도주의적 활동을 의도적으로 방해했고, 에티오피아 정부 또한 반정부 지역에 대한 인도주의적 활동을 방해함과 동시에 전기, 통신, 은

러시아의 미사일 공격에 의해 파괴된 우크라이나의 쇼핑몰(2022년 6월 28일). ⓒ우크라이나 정부

행 업무 등을 차단했습니다. 이스라엘은 가자지구를 봉쇄해 전기, 수도 공급을 제한하고 치료를 위한 출입까지 통제했습니다.

여러 사례에서 드러난 가장 심각한 전쟁 범죄 중 하나는 강간, 납치, 성노예 등의 성범죄였습니다. 대다수 성범죄가 여성에게 저질러진 것이지만 남성에게 가해진 성범죄도 있었습니다. 성을 무기화한 전쟁 범죄는 특히 냉전 시대 종식 이후 많아졌습니다. 정부군, 무장 집단, 외국 군대 등 무력 분쟁의 모든 당사자가 적에게 모멸감을 주고 주민을 위협하기 위해 여성에게 잔인하고 반인륜적인 성범죄를 저질렀습니다.

이 책에 등장하는 모든 무력 분쟁에서 예외가 없이 전쟁 범죄가 드러났지만 국제형사재판소에서 다뤄진 사례는 없습니다. 유엔, 인권 단체, 구호 단체 등이 조사와 보고서를 통해 전쟁 범죄가 저질러졌음을 밝혔는데도 말입니다. 2023년 7월 현재 국제형사재판소가 전쟁 범죄로 다루고 있는 사건은 20건뿐입니다. 거기에는 두 가지 이유가 있습니다. 하나는 무력 분쟁이 끝나고 사회가 제자리로 돌아가야 전쟁 범죄를 다룰 수 있고 무력 분쟁이 계속되는 상황에서는 거의 불가능하기 때문입니다. 다른 하나는 전쟁 범죄를 저지른 국가나 집단을 기소할 수 없기 때문입니다. 국제형사재판소는 개인은 기소할 수 있지만 국가를 기소할 수는 없습니다. 무장 집단을 기소할 수도 없고 범죄를 저지른 특정인을 기소해야 합니다. 이런 이유 때문에 이 책에서 언급된 전쟁 범죄와 관련한 기소는 지금까지 한 건도 이루어지지 않았습니다.

2023년 3월 17일 국제형사재판소는 러시아의 푸틴 대통령과 리보바-벨로바 러시아 대통령실 아동권리위원회 위원에 대해 체포 영장을 발부했습니다. 국제형사재판소는 두 사람이 우크라이나 고아원이나 보육원의 아동을 불법 이송해 러시아 가정에 입양되도록 했는데 이것이 "불법적 추방이나 이송, 또는 불법적 감금"의 전쟁 범죄에 해당한다고 지적했습니다. 체포 영장이 발부됐으므로 두 사람은 「로마규정」에 가입한 회원국에 갈 경우 체포될 수 있습니다. 그러나 그들이 그런 국가에 갈 가능성은 매우 낮고 그러니 국제형사재판소에서 기소될 가능성도 매우 낮습니다.

기소할 수 없더라도 모든 전쟁 범죄를 밝히고 세계에 알리는 건 중요하고 필요한 일입니다. 그래야 조금이라도 전쟁 범죄를 줄일 수 있고 후에라도 기소할 수 있습니다. 또한 전쟁 범죄를 저지른 국가에게 국제 사회가 책임을 물을 수 있습니다.

무력 분쟁과 세계

2022년 2월 시작된 우크라이나 전쟁은 두 가지를 확인해 주었습니다. 하나는 우리가 평소 막연하게 생각했던 것보다 더 밀접하게 전 세계가 연결돼 있다는 점입니다. 다른 하나는 세계 어느 곳에서도 전쟁은 일어나지 않아야 한다는 점입니다.

먼저 전 세계가 밀접하게 연결되어 있다는 건 우크라이나 전쟁 직후 전 세계에서 밀가루와 식용유 가격의 급등, 그리고 물가 상승이 일어난 것으로 확인할 수 있었습니다. 유럽과 러시아의 상호 제재로 인한 에너지 가격 상승도 물가 상승의 주요한 원인이었습니다. 러시아의 석탄, 원유, 천연가스 수출이 감소하면서 전 세계의 에너지 가격이 상승했습니다. 물가상승률은 유례없이 높은 수준을 기록했습니다. 유럽 사람들은 난방비가 급등해 추운 겨울을 보내야 했습니다. 독일, 프랑스, 영국, 스페인, 벨기에 등 이른바 경제 선진국에서 물가 상승에 항의하는 시위가 벌어졌습니다. 물가는 상승하는데 임금은 오르지 않아 생활이 힘들어졌기 때문입니다. 개발도상국이나 빈곤국은 훨씬 더 힘든 상황에 처했습니다. 2022년 10월 기준으로 연간 물가상승률이 20~50퍼센트인 나라들이 속출했고, 튀르키예와 아르헨티나에서는 각각 85퍼센트와 88퍼센트 상승을 기록했습니다. 시리아, 베네수엘라, 레바논 등은 각각 139, 156, 162퍼센트 상승을 기록했고 짐바브웨의 상승률은 무려 269퍼센트였습니다.

전쟁의 영향으로 세계인이 직면한 물가 상승과 생활고는 세계 어느 곳에서도 전쟁을 하지 않아야 하는 이유, 어떤 상황에서도 무력이 아닌 대화로 문제를 해결해야 하는 이유를 확인해 주었습니다. 러시아의 침공을 받은 우크라이나에게는 이런 주장이 타당하지 않고 무책임한 것으로 들릴 수 있습니다. 하지만 세계를 위해서가 아니라 우크라이나를 위해서, 심지어 러시아를 위해서도 긴 전쟁을 하는 건 좋은 선택이 아니었습니다. 우크라이나는 돌이킬 수 없는 인명 피해와 사회 파괴를, 러시아는 경제 침체, 강제 징집, 언론 통제, 반전 시위, 정치 불안 등으로 사회 혼란을 겪고 있습니다. 모든 피해와 혼란의 극복, 그리고 사회 복구에는 긴 시간이 걸릴 것이고 그 기간 동안 양국 국민은 전쟁 때만큼 힘든 시간을 보내게 될 겁니다. 그러므로 전쟁을 빨리 끝내야 하는 충분한 이유가 있었습니다. 그러나 국제 사회는 물론 우크라이나와 러시아도 종전을 위해 최선을 다하지 않았습니다.

우크라이나 전쟁 같은 국가 사이의 무력 분쟁뿐 아니라 국가 내의 무력 분쟁도 전 세계에 영향을 미칩니다. 그중 가장 심각하고 논란이 되는 문제는 난민 증가입니다. 특히 시리아 내전 이후 폭증한 난민은 세계를 혼란에 빠뜨렸습니다. 시리아 난민이 문제가 된 이유는 그들이 유럽으로 향했기 때문입니다. 2023년 6월 발표된 유엔난민기구 연례 보고서에 따르면 2022년 말 기준으로 세계 난민과 베네수엘라 이주민의 76퍼센트를 하위 또는 중위 소득 국가가, 70퍼센트는 이웃 국가가 수용하고 있었습니다. 세계에서 난민과 이주민을 가장 많이 수용하고 있는 국가는 튀르키예이고, 이란, 콜롬비아, 독일, 파키스탄이 순서대로 2~5위입니다. 난민 중 가장 숫자가 많은 시리아 난민은 이웃 국가인 튀르키예에 두 번째로 많은 우크라이나 난민은 폴란드를 포함한 유럽 국가들에, 그리고 세 번째로 많은 아프가니스탄 난민은 주로 파키스탄에 머물고 있습니다. 전체 숫자로 보면 유럽 국가들이 많은 난민을 수용하는 것이 아님에도 유럽 국가의 난민 수용이 세계적으로 문제가 됐던 이유는 유럽이 뉴스의 중심이었기 때문입니다.

난민을 가장 많이 수용한 건 아니지만 예전보다 많은 난민이 몰려오자 유럽 국가들에서는 난민 반대 시위가 열리고 난민 혐오 분위기가 형성됐습니다. 독일처럼 난민을 적극적으로 수용한 국가도 있었지만 많은 국가가 난민 증가와 수용에 난색을 표했습니다. 결국 유럽연합은 2016년 3월 튀르키예(당시엔 터키)와 난민 송환 협약을 맺었습니다. 튀르키예에서 난민을 수용해 유럽 국가로 난민이 유입되는 걸 막는다는 조건으로 30억 유로(당시 한화 약 4조 원)를 튀르키예에 지원하기로 했습니다. 이를 계기로 튀르키예의 유럽연합 가입 협상도 빨리 진행하기로 했습니다. 한편 2022년 4월 영국은 르완다와 난민 이송 협약을 맺고 1억 2,000만 파운드(당시 한화 약 1,914억 원)를 지불하고 영국으로 온 난민들을 르완다로 보내기로 했습니다. 영국은 첫 난민 이송을 6월에 시도했지만 유럽인권재판소가 이송 하루 전 긴급명령으로 제동을 걸어 이뤄지지 않았습니다. 인권 단체들은 "인간을 돈과 맞바꾼 비인도적인 처사"라고 했고, 유엔난민기구는 "영국이 난민을 원자재처럼 다룬다."며 영국의 결정을 비난했습니다. 그 후 영국 내에서 정부의 결정이 유엔 난민협약 위반인지를 다투는 재판이 진행됐고 2023년 7월 현재까지 르완다 난민에 대한 이송은 이뤄지지 않았습니다. 유럽 국가들의 대응은 난민 문제의 어려움을 알렸지만 동시에 난민에 대한 반대와 반감은 물론 반인도주의 정서와 혐오의 확산이라는 문제를 야기했습니다.

각국의 무력 분쟁 사례들에서는 외국의 군사적 개입을 흔히 볼 수 있습니다. 지역의, 또는 세계 강대국의 개입으로 무력 분쟁은 복잡해지고 연장됐습니다. 개입한 강대국들이 우방국에까지 군사적 지원을 요구함으로써 세계가 편이 갈리는 상황이 생기기도 했습니다. 미국의 아프간전쟁으로 서방 국가 및 미국의 우방, 그리고 이슬람 국가들 사이에 대결 구도가 형성됐습니다. 우크라이나 전쟁으로 미국과 유럽 국가들을 지지하는 국가들과 러시아를 지지하는 국가들로 세계가 편이 나뉘었습니다. 특히 미국과 러시아의 충돌은 냉전 시대 미국과 소련의 대결 상황과 비슷했습니다. 이런 이유로 세계는 우크라이나 전쟁으로 신냉전이 본격화됐다고 우려했습니다.

무력 분쟁의 해결을 위해 노력하기보다 자국의 이익을 위해 군사적으로 개입하고 무기를 지원하는 건 세계의 안전과 평화를 위한 선택이 아닙니다. 군사적 개입은 많은 사람의 삶을 파괴하고 군사문화를 심화시키는 결과를 만듭니다. 또한 무력 분쟁이 끝나도 국가 재건과 사회 회복에 수십 년이 걸리고, 그것이 다시 세계에 경제적 부담과 불안을 가져오는 것을 생각하면 무력 분쟁의 지속이 전 세계에 끼치는 부정적인 영향은 가늠하기조차 힘듭니다.

무력 분쟁이 세계에 미치는 심각한 영향 중 하나는 세계인의 안전을 위협한다는 점입니다. 최근의 무력 분쟁은 테러를 동반하는 경우가 많습니다. 테러는 무력 분쟁이 일어나는 곳을 넘어 세계 곳곳으로 퍼집니다. 소말리아의 알 샤바브, 시리아의 IS, 아프가니스탄의 IS-호라산과 알 카에다 등은 주변국은 물론이고 전 세계 각지에서 활동하면서 무차별 테러를 저지릅니다. 또한 무력 분쟁은 그 자체로 지역의 안전을 심각하게 해칩니다. 국가 사이에, 또는 한 국가 내에서 무력 분쟁이 있을 경우 개입하는 외국 군대가 주변국의 군 기지나 비행장을 이용하면서 자연스럽게 주변국과 지역의 군사적 긴장이 높아집니다. 지리적 거리와 상관없이 무력 분쟁이 많아지고 길어질수록 세계는 더 불안하고 위험해집니다.

무력 분쟁이 미치는 가장 큰 영향은 무엇보다 평화롭게 살 권리를 보장받지 못하고 생존을 위협받는 사람들이 많아진다는 점입니다. 인간은 누구나 전쟁의 위험에 처하지 않고 평화롭게 살 권리와 최소한 신체의 안전을 보장받을 권리가 있는데 무력 분쟁으로 그것이 지켜지지 않는 겁니다.

무력 분쟁은 국가 내에서는 물론 지역과 세계가 편을 가르고 자기 집단과 자국의 이익을 위해 타집단과 타국을 공격하는 일을 서슴지 않기 때문에 생깁니다. 무력 분쟁을 더 번지지 않게 하려면, 그리고 진행 중인 무력 분쟁을 완화하고 종식할 수 있으려면 국제 사회의 개입과 실질적 조치가 필요합니다. 세계 시민의 관심과 감시, 지혜가 있어야 하고 전쟁에 반대하는 공감대가 형성되어야 합니다.

찾아 볼 만한 참고 자료

1. 팔레스타인-이스라엘 무력 분쟁

서울인권영화제 x 팔레스타인평화연대, 『BDS 실천 가이드북』, 2020년 12월 11일.
팔레스타인평화연대, 『한국과 이스라엘 관계 보고서』, 2012년 8월.
* 위 두 개의 자료는 팔레스타인평화연대 홈페이지에서 찾을 수 있음.

김태일·주로미 감독, 〈올 리브 올리브〉(다큐멘터리), 2017년.

anera, "Palestine Situation Report", August 8, 2022.

BDS. What is BDS?
https://bdsmovement.net/

B'Tselem, "Planning Policy in the West Bank", 6 Febraury, 2019.
https://www.btselem.org/planning_and_building

UN OCHA, "Gaza Strip | The Humanitarian Impact of 15 Years of the
    Blockade", June 2022.
https://www.ochaopt.org/content/gaza-strip-humanitarian-impact-15-
    years-blockade-june-2022

US Department of State Archive, "The Arab-Israeli War of 1948".
https://2001-2009.state.gov/r/pa/ho/time/cwr/97178.htm

2. 소말리아 내전

리들리 스콧 감독, 〈블랙 호크 다운〉(영화), 2002년.

류승완 감독, 〈모가디슈〉(영화), 2022년.

"Council on Foreign Relations. Backgrounder." Al-Shabaab. December 6, 2022.
https://www.cfr.org/backgrounder/al-shabaab

Human Rights Watch, "World Report 2022: Somalia events of 2021".
https://www.hrw.org/world-report/2022/country-chapters/somalia

Medecins Sans Frontieres, "Somalia 1991–1993: civil war, famine alert and UN "military humanitarian" intervention 1991–1993", pp.13–14.

UNHCR, "Somalia refugee crisis explained", Oct 19, 2022.
https://www.unrefugees.org/news/somalia-refugee-crisis-explained/

UN OCHA Relief Web, "Somalia: drought response and famine prevention(1–24 October 2022)", 31 October 2022.
https://reliefweb.int/report/somalia/somalia-drought-response-and-famine-prevention-1-24-october-2022-enar

3. 비극의 땅 아프가니스탄

BBC News 코리아, 〈아프간 전쟁: 미국의 분쟁 비용은 얼마인가?〉, 2020년 3월 2일.
KBS, 〈시사직격: 9·11 테러 20년, '영원한 전쟁'의 끝에서 아프간의 목소리를 듣다〉, 2021년 9월 10일.
연합뉴스, (일지)〈아프간 전쟁 발발부터 미군 철수 발표까지〉, 2021년 5월 15일.

Amnesty International, "Annual Report 1983".
https://www.amnesty.org/en/documents/pol10/0001/1983/en/

Brown University Watson Institute International & Public Affairs, "Human and budgetary costs to date of the US war in Afghanistan, 2001–2022".
https://watson.brown.edu/costsofwar/figures/2021/human-and-budgetary-costs-date-us-war-afghanistan-2001-2022

Hiram A Ruiz, "Afghanistan: conflict and displacement 1978 to 2001", *Forced Migration Review*, June 2002.

Human Rights Watch, "Situation of human rights in Afghanistan", *Report to the UN General Assembly*, October 30, 1990.
https://www.hrw.org/reports/1991/afghanistan/1AFGHAN.htm

Meg Cramer, "Mass murder in Afghanistan: 40 years of conflict", *Institute of World Politics*, December 18, 2020.
https://www.iwp.edu/articles/2020/12/18/mass-murder-in-afghanistan-40-years-of-conflict/

Special Inspector General for Afghanistan Reconstruction, "What we need to learn: lessons from twenty years of Afghanistan reconstruction", August 2021.

4. 시리아 무력 분쟁

정은숙 지음, 『시리아 내전: 미국·러시아의 군사 개입과 갈등』, 세종정책총서 2019-6, 2019년 11월 1일.

유엔난민기구, 〈시리아 아랍 공화국 피난민에 관한 국제적 보호사항 업데이트 IV〉, 2015년 11월
* 유엔난민기구 홈페이지 출판물의 '특정 국가 및 상황에 관한 발간물'에서 찾을 수 있음.

와드 알-카팁·에드워드 왓츠 감독, 〈사마에게〉(다큐멘터리), 2020년.

Human Rights Watch, "World Report 2022: Syria events of 2021".
https://www.hrw.org/world-report/2022/country-chapters/syria

UNHCR, "Syria refugee crisis explained", July 8, 2022.
https://www.unrefugees.org/news/syria-refugee-crisis-explained/

UN Human Rights Office of the High Commissioner, "UN Human Rights Office estimates more than 306,000 civilians were killed over 10 years of Syria conflict", June 28, 2022.

https://www.ohchr.org/en/press-releases/2022/06/un-human-rights-
office-estimates-more-306000-civilians-were-killed-over-10

UN News, "Fresh evidence of war crimes committed by all sides in Syrian
conflict, probe finds", July 7, 2020.
https://news.un.org/en/story/2020/07/1067761

5. 예멘 내전

유엔난민기구, 〈예멘 귀환에 관한 UNHCR의 입장〉, 2015년 4월.
* 유엔난민기구 홈페이지 출판물의 '특정 국가 및 상황에 관한 발간물'에서 찾을 수
있음.

YTN, 〈 뉴스멘터리 전쟁과 사람: 끝이 보이지 않는 비극 예멘 내전〉, 2021년 3월 3일.

Britanica, "Yemen: Arab spring and civil war".
https://www.britannica.com/place/Yemen/Arab-Spring-and-civil-war

The Guardidan, "One in three Saudi air raids on Yemen hit civilian sites, data
shows", September 16, 2016.
https://www.theguardian.com/world/2016/sep/16/third-of-saudi-
airstrikes-on-yemen-have-hit-civilian-sites-data-shows

Human Rights Watch, "Yemen: coalition blockade imperils civilians",
December 7, 2017.
https://www.hrw.org/news/2017/12/07/yemen-coalition-blockade-
imperils-civilians

UNHCR, "Yemen crisis explained", July 14, 2022.
https://www.unrefugees.org/news/yemen-crisis-explained/

World Organization Against Torture, "Torture in slow motion", 2022.

Yemen Data Project. https://www.yemendataproject.org/

6. 에티오피아 내전

OBS, 〈1년 전 그 후: 극적 휴전 합의, 에티오피아 내전이 남긴 것〉, 2022년 11월 10일.

평화의 눈으로 본
세계의 무력 분쟁

Amnesty International, "Ethiopia: Eritrean troops' massacre of hundreds of
    Axum civilians may amount to crime against humanity", February 26, 2021.
    https://www.amnesty.org/en/latest/news/2021/02/ethiopia-eritrean-
    troops-massacre-of-hundreds-of-axum-civilians-may-amount-to-
    crime-against-humanity/

CNN, 〈Practically this has been a genocide〉, March 22, 2021.
    https://edition.cnn.com/2021/03/19/africa/ethiopia-tigray-rape-
    investigation-cmd-intl/index.html

Global Conflict Tracker, "War in Ethiopia", October 20, 2022.
    https://www.cfr.org/global-conflict-tracker/conflict/conflict-ethiopia

Human Rights Watch & Amnesty International, "We will erase you from this
    land: crimes against humanity and ethnic cleansing in Ethiopia's Western
    Tigray zone", April 2022.

The Globe and Mail, "Tigray war has seen up to half a million dead from
    violence starvation, sayresearchers", March 15, 2022.
    https://archive.md/VSOUk

UNHCR, "Ethiopia's Tigray refugee crisis explained", July 6, 2022.
    https://www.unrefugees.org/news/ethiopia-s-tigray-refugee-crisis-
    explained/

7. 미얀마 내전

KBS, 〈시사직격: 빼앗긴 미얀마의 봄 - 군부 쿠데타, 한 달의 기록〉, 2021년 3월 5일.
MBC, 〈다큐플렉스: 미얀마 쿠데타 1년 미얀마 청년들의 꿈〉, 2022년 3월 4일.

Britanica, "History of Myanmar".
    https://www.britannica.com/place/Myanmar/History

Lindsay Maizland, "Myanmar's troubled history: coups, military rule, and
    ethnic conflict", *Council on Foreign Relations*, January 31, 2022.
    https://www.cfr.org/backgrounder/myanmar-history-coup-military-rule-
    ethnic-conflict-rohingya

UNHCR Thailand, "Myanmar situation: refugee preparedness & response plan", December 2022.

UN Human Rights Council, "Situation of human rights in Myanmar since 1 February 2021", *Report of the United Nations High Commissioner for Human Rights*, March 15, 2002.

US Department of State, "United States and allies impose additional sanctions on the Burmese military regime", March 25, 2022.
https://www.state.gov/united-states-and-allies-impose-additional-sanctions-on-the-burmese-military-regime/

8. 러시아-우크라이나 전쟁

《한겨레21》, 〈국민 '셋 중 하나'가 난민…언제 끝날까 우크라이나 전쟁〉, 2023년 1월 5일.
KBS, 〈특파원 보고 세계는 지금: 우크라이나 전쟁 여파 식량위기 현실화〉, 2022년 5월 14일.

European Union, "How the Russian invasion of Ukraine has further aggravated the global food crisis", December 2, 2022.
https://www.consilium.europa.eu/en/infographics/how-the-russian-invasion-of-ukraine-has-further-aggravated-the-global-food-crisis/

Heinz Strubenhoff, "The war in Ukraine triggered a global food shortage", Brookings Institute, June 14, 2022.
https://www.brookings.edu/blog/future-development/2022/06/14/the-war-in-ukraine-triggered-a-global-food-shortage/

House of Commons Library, "Military assistance to Ukraine since the Russian invasion", November 11, 2022.

UNHCR, "Operatinoal Data Portal-Ukraine refugee situation".
https://data.unhcr.org/en/situations/ukraine

UN Human Rights Office of the High Commissioner, "Ukraine: civilian casualty update 12 December 2022", December 12, 2022.

https://www.ohchr.org/en/taxonomy/term/1136

US Department of State, "US security cooperation with Ukraine, fact sheet",
    December 9, 2022.
https://www.state.gov/u-s-security-cooperation-with-ukraine/

9. 소수의 권력욕과 무고한 다수의 피해

International Criminal Court, "Rome Statute of the International Criminal
    Court", 2011.
    ───────War crimes-cases.
https://www.icc-cpi.int/cases?cases_fulltext=&field_defendant_
    t=All&f%5B0%5D=accused_crime_case%3A328&page=0

UN Office on Genocide Prevention and the Responsibility to Protect. War
    crimes.
https://www.un.org/en/genocideprevention/war-crimes.shtml